東大理系教授が考える　道徳のメカニズム

鄭雄一
Tei Yuichi(Ung-il Chung)

ベスト新書
399

国際化する社会へこれから旅立って行く息子たちに捧げる

はじめに

私は、とてもやんちゃな双子の男の子の父親です。幼い子どものいる家庭では、どこも大体同じだと思いますが、毎日毎日、

「あれをしてはだめ、これをしなさい」

などと子どもたちに言いながら、善悪の区別、言い換えれば「道徳」を教えています。

子どもも少しずつ成長してくると、小さいときの素直さは次第になくなってきて、親の言うことに疑問や反発を持つようになります。

「どうしてそうしなければいけないの？」

「なぜこれをやってはいけないの？」

といった質問が増えてくるようになります。子どもにとっては自分でものを考える大事な一歩ですが、親にとってはどう対応できるかを試される一つの試練ですね。双子もだん

だん、そういった質問が増えてきました。

そんなとき、将来、親としてきちんと彼らの疑問に答えてあげられるのかなと不安になる問題がいくつかあります。

最近、裁判などで論争になり、マスコミにも取り上げられる「死刑であれば人を殺してもいいのか」という問題がその一つです。同じ国に住んでいても、賛成する人と反対する人の考え方は、異国人どうしといってもいいほど異なり、隔たっています。

道徳に関する一般的な考え方を反映していると思われる小学校道徳の学習指導要領にはこう書いてあります。

「生命がかけがえのないものであることを知り、自他の生命を尊重する」

我々もよく口にするし、誰でも当然と思うでしょう。これをことば通りに当てはめると、死刑なんてとんでもないということになります。でも、実際には死刑が社会制度として行われています。つじつまが合わないですよね。

また、学習指導要領には、

「よいことと悪いことの区別をし、よいと思うことを進んで行う」

とありますが、社会の中で善悪の判断が割れているのであれば、子どもにはとても説明できそうもありません。

「いじめをどうやってなくすか」の問題もその一つです。いじめによる自殺が後を絶たない中、自分の子どもがいじめの被害者になったり加害者になったりしていないか、というのは我々親の最大関心事です。

いじめをなくすためには、まずいじめがなぜいけないのかを子どもに説明できなければなりません。学校の道徳では、おそらく先ほどの

「生命がかけがえのないものであることを知り、自他の生命を尊重する」

「よいことと悪いこととの区別をし、よいと思うことを進んで行う」

ということばを拠り所にして、

「悪いことだからやってはいけません」

と教えるのだろうと思います。しかし、死刑について善悪の扱いがきちんと解決していないと、

「大人は死刑で生命尊重なんかしていないじゃない」

などと言われても反論できず、これも今のままでは子どもに説明するのは難しそうです。

また、いじめを根本的に解決するには、いじめが起きるメカニズムを明らかにして、対策を立てる必要があるでしょう。学習指導要領には、

「だれに対しても思いやりの心を持ち、相手の立場に立って親切にする」

とありますが、そうできないからこそ、いじめになるわけです。どうして加害者の子どもたちが、被害者の子どもたちに対して、この当たり前と思われる感情を持てないのか、の原因について十分明らかにし、それに即した対策を立てる必要があります。

「国際紛争をどう解決するか」も大きな問題の一つです。今、日本と韓国、中国との間で島の領有権を巡って緊張が走っています。「国益」や「主権」という言葉が飛び交い、それぞれ国の主張は大きく異なっています。どのように決着をつけるかはとても難しい問題です。これに関連して学習指導要領にはこう書いてあります。

「郷土や我が国の伝統と文化を大切にし、先人の努力を知り、郷土や国を愛する心を持つ」

「外国の人々や文化を大切にする心を持ち、日本人としての自覚を持って世界の人々と親善に努める」

国を愛するとともに、他の国々とも仲良く平和にやっていきましょうということですね。でも実際には、国際紛争が起きると、この二つの言葉は矛盾を起こしてきます。解決法はおろか、状況の説明ですら、子どもたちにうまくすることができなさそうです。無批判に使われがちな「国を愛する」ことの意味を、国や民族の成り立ちまで立ち返って、きちんと明らかにした上で考える必要があるでしょう。

善悪の区別からは少しずれますが、「社会からの疎外感（のけものにされている感じ）をどう克服するか」も関連した問題です。学習指導要領には、

「日々の生活が人々の支え合いや助け合いで成り立っていることに感謝し、それにこたえる」

「働くことの意義を理解し、社会に奉仕する喜びを知って公共のために役に立つことをする」

と書いてありますが、「社会からのけものにされている」と感じていては、とてもこれらを達成することはできそうもありません。疎外感が起きるメカニズムを明らかにして、具体的な対策を立てる必要があると思います。

このような問題点を踏まえて、子どもと一緒に考えるための材料として、この本を書こうと思い立ちました。大学で医学や工学を教えている理屈っぽい理系のお父さんとしては、善悪の区別、道徳の根拠を、それなりに論理的に示して、子どもに教えたいと真剣に願っています。そのとき、決して、自分の信じている特定のスタンスを押し付けたり、「何とか主義」とか「なんとか教」とかを無批判に押し付けるようなことがないように気をつけたいと思います。

もしこれが可能になれば、子どもに善悪の区別を教えるにとどまらず、国際化していく社会の中で、異なる社会の間の摩擦を乗り越え、さまざまな文化を持つ人々との共生を助ける道標にもなると思います。

このような試みは、現代において高度に細分化された道徳の専門家の方々からみれば、無謀で幼稚と見えるかもしれません。でも、道徳についてよく考えることは、誰でもすべきだし、誰でもそれなりにできるはずだと思っています。人生における大事なことですから、できれば他人任せにせず、子どもに教えたいと思う方が多いはずです。

この本では、親の皆さんが子どもたちに道徳について説明するための新しい考え方と答

え方について提案し、子どもとのコミュニケーションの選択肢を増やしたいと思っていま
す。

理系のお父さんとして、せっかくなので理系の知識も活用しながら、これから道徳につ
いて、親の皆さん（もちろん文系の方も！）と考えていきたいと思います。

道徳について、子どもたちの腑に落ちる説明ができる、かっこいい親を一緒に目指しま
しょう。

鄭雄一

東大理系教授が考える 道徳のメカニズム／目次

第三章　［モデル構築］道徳の基本原理をモデル化する

第四章　［応用展開1］　道徳は動物にもあるのか

第一章

〔問題提起〕道徳の現状を分析する

この章では、道徳の混沌とした現状を分析し、その問題点を明らかにします。

やって善いことと悪いこと

今日も双子は、家でお父さんに怒られています。

「なんで、エレベーターの中で騒いだの。公共の場所では、ふざけてはいけないと言ったでしょ!!」

混雑したエレベーターの中で、双子はどちらが奥に入るかでもめて、他の人の迷惑を顧みず騒いでしまったのです。双子は、いつも同年代の友達がそばにいる特殊な状況なので、親の言うことを聞かせるのは一苦労です。

「ごめんなさい、でも、僕が先に入ったのに、Aちゃんが押しのけたの」

「違うよ、Bちゃんが先に押したんだよ」

「違うよ、Aちゃんが先だよ」

「違うよ、Bちゃんが先だよ」

この期に及んで、また、喧嘩を始めた二人に、お父さんの怒りはますます大きくなります。がみがみがみがみがみ……。

あんまり怒られたもので、双子の中にふと、疑念がよぎりました。

〈どうして公共の場で騒いではいけないのだろう？〉

〈そもそも、やって善いことと、悪いことって誰が決めたんだろう……？〉

今こんなことを聞いたら、火に油を注ぐようなものです。でも、Aは、勇気を振りしぼって、お父さんに聞きました。

「お父さん、誰がやって善いことと、悪いことを決めたの？」

怒っていらいらしていたお父さんは思わず、

「そんなこと当たり前に決まっているでしょ！　何で当たり前のことがきちんとできないの！」

と、大きな声で言ってしまいました。でも、すぐに、これではきちんとした答えになっていないことに気付きました。

誰が決めたのか

よく考えると、「誰がやって善いことと、悪いことを決めたの？」というのは、とても難しい質問です。普通は、「そんなことは昔から当たり前に決まっているし、誰が決めても同じ」と思って意識しないので、あまり深く考えません。

「法律」は、答えになっているでしょうか。法律を決めるのは、現代では選挙で選ばれた国会議員です。さらに言えば、彼らを選んだのは、選挙権を持つ人々です。

国によっては、宗教の力が強く、法律も宗教の教えに従って定めているところも多いようです。この場合、やって善いことと、悪いことを決めるのは、神様や経典ということになります。

また、そもそも、双子のやったことは、迷惑な行いだとしても、誰もが悪いと思うかは微妙です。程度にもよるでしょう。「子どもは少々騒ぐくらいが、元気がよくていい」と考える人もいるでしょう。

このように、善悪の区別があいまいな行いは、どっちでも影響は少ない、ということで、社会の中での重要度はあまり高くなさそうです。

今後の議論をすっきりさせるため、誰もが悪いことと認める行いに焦点を絞って考えてみるのがよいでしょう。

子どもたちに聞いてみましょう。

「君たち、絶対してはいけない、悪いことって何？」

「泥棒」

「嘘をつくこと」

「人を傷つけること」

「人を殺すこと」

いろいろと出てきました。さらに絞り込ませます。

「じゃあ、その中でも、一番悪いことは何だと思う？」

「それは、やっぱり人を殺すことかな」

双子は、ユニゾンで答えました。けんかの絶えない二人ですが、こういうときは、なぜかぴったりと息が合います。

「じゃあ、これを例にとって、誰が決めたか考えてみよう。人を殺すことは絶対にしてはいけないよね。誰が人を殺してはいけないと決めたの？」

双子は一生懸命考えます。

「神様が決めた」

「王様や大統領が決めた」

「みんなで決めた」

「人が決めた」

「脳が決めた」

「それは、自分がそうされたらいやだから」

いろいろ出してくれた答えは、大体、二通りに分けられそうです。前の二つは、社会の中で権威のある人が決めた、という答えでしょうか。最後の一つは、自分の心が決めた、という答えです。

前者を「権威主義」的な考え方と呼びたいと思います。親にとっては、とても便利なシステムで、小さな子どもに基本的な道徳を教えるときには効率がよく、都合のよいものです。

一時流行った、会津藩の教育組織「什《じゅう》」で使われていた「ならぬことはならぬ」という返事は、このやり方に属すると思います。

これに対して後者を「自由主義」的な考え方と呼びたいと思います。最近は、幾分旗色が悪いようで、青少年の道徳の乱れがやり玉にあがるときには、毅然としていない態度として一緒に非難されます。

「みんなで決めた」というのは、社会の合意として決めたということで、最初の二つの答えに近いようです。

「人が決めた」「脳が決めた」という答えは、個人やその脳と考えると後者に近いですが、社会における人間や脳一般を指していると考えると、前者ともとれます。

この二つの答えのどちらが正しいのでしょうか。実は、その決着は、道徳の専門家たちの間でもついていないようです。そのことは、後ほど、道徳の教科書を眺める次の章でお話ししたいと思います。

子どもたちにはこう言っておきたいと思います。

「君たちの考え方をまとめると、大体二つに分けられるみたいだね。一つは、人間が集まってできる社会が決めた、という答えだね。神様や王様や大統領は社会の代表だものね。もう一つは、一人ひとりの人間の心が決めた、だね。自分がそうされたらいやだ、というのは、それぞれの人が感じたことだものね」

「うん」

「そうかも」

双子は、それなりに納得してくれたようです。

なぜ決めたのか

「人を殺してはいけない」と決めたのは、社会と個人の二通りの答えがありそうだとわかったところで、お父さんは、次の疑問を投げかけました。

「どうして、そういう風に決めたんだろうね」

双子は少し考えてこう言います。

「決まっていないと、大変なことになるから」

お父さんは詳しく聞き出します。

「どんな風に大変なの？」

「自分が殺されちゃう」

「人間が、お互いに殺し合いを始めてしまう」

「自分が殺されちゃう」という答えは、自分が被害を受けるということが核心で、個人に焦点をおいて考えていると思われます。

「人間が、お互いに殺し合いを始めてしまう」という答えは、社会が成り立たなくなるということが核心で、社会に焦点をおいて考えていると思われます。

ちょうど、「誰が決めたの？」という問いへの答えに対応するように、この答えにも大きく分けて二通りの可能性があるようです。

子どもたちには、こう言っておきたいと思います。

「君たちの考え方をまとめると、さっきと同じように、大体二つに分けられるみたいだね。一つは、人間が集まってできる社会が壊れてしまうから、という答えだね。もう一つは、自分が死にたくないから、という答えだね」

「うん」

「うん、多分それでいいかも」

一応、双子は納得してくれました。

戦争では人を殺してもいいのか

「人を殺してはいけない」という決まりは、当たり前に聞こえます。そんなこと疑問の余地もないし、この決まりを破ったら厳しく罰せられるのが当然だ、と思う親御さんがほとんどだと思います。でもよく現実を観察すると、そうでもない例がたくさんあります。

戦争は悪だ、なくすべきだ、と考えている人は多いと思います。私も絶対になくしたいと思っています。でも、今までの人間の歴史を振り返ると、戦争の歴史と言ってもいいくらい、数多くの戦争が世界各地でありました。ここまで頻繁にあると、たまたま起きたことでないことは確実で、悲しいですが人間の現実の一つであると認めなければならないと思います。

戦争では、敵の人間を殺した人は、罰されるどころか、褒められることまであります。考えたくないことではありますが、もし、今、他の国との戦争になれば、ごく普通の人々が仕事として人を殺すようになります。国のためだから、と喜んで積極的にそうする人も少なくないはずです。社会がそれを容認し、ときには奨励します。

「人を殺してはいけない」という決まりは、人間であっても、戦争での敵には適用されないのです。

これはどう説明したらいいのでしょうか。子どもたちに聞いてみましょう。

「さっき、『人を殺すことは、やってはいけない悪いこと』と言ったよね。でも、戦争では人を殺してもいいみたいだけれど。それはどうして？」

「うーん」

「おかしいな」

子どもたちは、つじつまが合わないので、考え込んでしまいました。

私が、理由を考えてみました。

「やられたらやりかえすのは当然だから、かな？」

「そうしないと自分が殺されちゃうから、かな？」

「国が取られちゃうから、かな？」

「王様や大統領が命令したら仕方ないから、かな？」

答えを分類すると、第一、第二の答えは、自分の命を守るため、という個人を中心に考えた理由です。第四の答えは、社会の命令だからという、社会を中心に考えた理由です。

第三の答えは、第四の答えに近いでしょう。

親御さんの中には次のような反論があるかもしれません。

「いくらこれまで世界各地で、戦争が数多くあったからといっても、国や宗教や民族の間で争う特別な状況で、とても混乱した異常な状態だから、一般の例として引き合いに出すのはおかしいのでは？」

死刑では人を殺してもいいのか

そういう親御さんには、死刑の例はどうでしょうか。連続殺人や誘拐殺人など、特に凶悪な罪を犯した人が死刑になります。死刑の場合は、ある国の中でのできごとであり、国どうしが争っているわけではありません。また、社会は特に混乱した異常な状況でもありません。

最近は死刑を廃止する国も増えているようですが、歴史を見れば、死刑のなかった国を見つけることの方が難しいですし、今でも多くの国で、刑罰として、人々に積極的あるいは消極的に支持され、使われています。

これも考えたくないことですが、もし凶悪な殺人鬼が、何人もの罪のない人々を残酷に殺せば、私たちの多くは犯人が死刑になることを当然と思い、賛成するはずです。つまり社会が容認しています。ですから、「人を殺すことは、やってはいけない悪いこと」という決まりは、人間であっても、ひどい悪人には適用されないのです。

これは、どう説明したらいいのでしょうか。子どもたちに聞いてみましょう。

「重い罪を犯した人は、死刑で殺してもいいみたいだけれど。それはどうして?」

「わからない」

「変だね」

これも、双子には難しかったようです。

私が理由を考えてみました。

「たくさん悪いことをしたら、殺されても仕方ないから、かな?」

「悪い人は、殺されてもしょうがないから、かな?」

「人を殺したら、殺されても仕方がないから、かな?」

「罪をつぐなうためにはそうするしかないから、かな?」

いずれの理由も、罪の重さが重要なようです。

社会を裏切った者に対しても、「人を殺してはいけない」という決まりは、適用されません。双子には、まだ少し複雑な内容なので話はしませんが、反乱やスパイに対する刑罰は、他の犯罪のときよりも格段に重くなるのが、そのよい例であると思います。

また、同じ国の政治組織の間の争いにおける殺人や、同じ宗教の宗派の間の争いにおける殺人は、同じ社会に属する者どうしの一種の戦争と捉えることができ、似たような状況であると思われます。

子どもに「人を殺してはいけない」と言いながら、大人は変ではないか

前述の例からわかるように、「人を殺してはいけない」という決まりを破っても、社会的に許される場合が確かにあるようです。よく考えると、これは、大変おかしなことです。

普段の生活で私たちは、直接的であれ間接的であれ、子どもに「人を殺すのは、絶対にしてはいけない悪いこと」と教えているはずです。道徳の決まりの中でも、「エレベーターの中でふざけてはいけない」などとは比べものにならない、とても重要な決まりのはず

です。

私の知る限り、殺人を禁じていない社会はありません。

多くの社会で、道徳の教師役を務めている、さまざま宗教の戒律も、はっきりと、人を殺すことを禁じています。キリスト教では、「汝殺すなかれ」という決まりが、最も基本的な戒律であるモーセの十戒の中にあります。

仏教でも、「不殺生」が、基本的な戒律である五戒の中にあります。

もちろん、これらの戒律を厳密に解釈して、死刑に反対する社会もありますが、そうでない社会もかなりの数あります。さらに、歴史を振り返ると、死刑のなかった社会を探す方が難しいですね。

ここで、次のような反論が、親御さんからあるかもしれません。

「『人を殺してはいけない』という決まりが、現実に破られることがあるという事実と、この決まりを守るべきであると考えることとは、全く別のことではないの？ 現実がどうであろうと、理想に従って『……すべきである』と命令することこそが、道徳なのではないの？ 人間の愚かさが原因で起きる、道徳に反する事故の例をいくつ出したとしても、道徳の矛盾を突いたことにならないのではないの？」

　この反論はもっともなように聞こえますが、大きな問題があります。確かに、個人の恨みとか、欲とか、怒りなどにより、ときどき突発的に殺人が起きるのは、防ぎようがないと思います。新聞の三面記事やテレビのニュースは、いつもそういうニュースで埋まっていますよね。でも、社会はそれを容認しているのではなく、糾弾し戒めます。それが道徳なのです。

　でも、戦争や死刑の例は、どれも、社会が容認し、ときには積極的に支持する殺人です。一部の凶悪な人間がたまたま起こした事故などではありません。あるルールの範囲の中で行われていて、支持者がいるのです。その背後には、消極的にしろ積極的にしろ、「殺すべきだ」という一貫した社会の判断があると考えられます。つまり、私たちの道徳の体系に関わる重要な問題だと思います。

善悪の区別は、時と場合によって変わるのか

「人を殺してはいけない」という決まりは、普段は厳しく守られますが、戦争や死刑では、

ちっとも守られません。まるで、善悪の区別は、その場その場の状況によって、ころころ変わってしまうかのようです。

もし、本当にそうだとしたら、私たち親は、子どもにどうやって道徳を教えたらいいのでしょうか。

「人を殺してはいけない場合があるが、殺してよい場合もある」「人を殺すことは、よいとも悪いとも言えない」とでも教えるのでしょうか。これでは、まるで説得力がないですね。

子どもが学校からもらってきた生活指導に関するパンフレットには、「最近の子どもには規範意識が足りない」と書いてあります。規範意識とは、道徳のことと考えていいでしょう。でも、私たち大人は、きちんとした道徳の体系を、子どもに提供できているのでしょうか。

死刑や戦争における「社会が容認する人殺し」について触れて、その道徳的な意味をきちんと説明することができなければ、これから成長して、急速に国際化する実社会に出ていく子どもたちに対して、ごまかしていることにならないでしょうか。

全人間に共通の理想の道徳はないのか

このように現実を観察してみると、普段は当たり前と思っている善悪の区別に関して、つじつまの合わない点があるようです。

私たち親は、漠然と、全ての人間に共通する道徳があり、揺らぐことのない善悪の区別があるかのように思って、子どもに道徳を教えているのですが、つきつめて考えると、根拠はあやふやです。まず、親の私たちが、自分の道徳の体系をしっかりと見つめる必要がありそうですね。

道徳に関しては、昔から偉い哲学者たちがいろいろと考えてきたはずです。まず手始めに、道徳に関する、これまでの代表的な考えを教科書で調べて、考えるヒントを探してみたいと思います。

子どもたちにはこう言っておきます。

「戦争や死刑で人を殺すことについては、善悪の区別がうまく説明できなくて困ったよね。うまく説明する手掛かりを得るために、善いことと悪いことの区別を一生懸命考えた、昔の偉い人たちの意見を調べてみよう」

「どんな意見？」

「いつ頃の人？」

双子は興味津々です。

第二章

過去の道徳思想を解析する

［先行研究］

この章では、過去の代表的な道徳思想について解析、エッセンスを抽出して二つのカテゴリーに分類し、各々の限界を明らかにします。

先人たちの道徳思想

普通、道徳や倫理の教科書は、古代の考え方から始まって、時代順にその変遷を追っていきます。その際、人間の考え方がまるで時間とともに進歩するかのように、扱っていきます。読み物としては、大変面白いものですね。私も学生の頃、夢中でいろいろな本を読みました。

ストーリーには、いくつか山がありますが、特に大きな転換点となるのはデカルトの登場です。

彼は、「私は考える、だから私は存在する」ということばを出発点にして、それまでの中世の教会中心の考え方から、個人中心の考えに大きく転換し、科学と理性の時代の扉を開いた、とされています。彼の考えを思想の歴史の上の大きな進歩ととらえ、彼以前と彼以後で時代を区切ることが多いようです。

大筋ではその通りだと思うのですが、実は、理系のお父さんとしては、このような捉え方は、一部納得がいきません。後で述べますが、デカルトの考え方には、少しおかしな点があると思います。それなのに、「私は考える、だから私は存在する」ということばを、自分できちんと確かめないで、まるでゆるぎない真理のように扱ってしまうと、いろいろとつじつまの合わないことが起きてきます。

「誰が善いことと悪いことを決めたのか」「なぜ決めたのか」について双子に聞いたときに、答えは、個人を中心に考えるものと、社会を中心に考えるものの、大きく二通りに分類できました。前章では、そのままにして、どちらが正しいとも判断しなかったのですが、それには理由があります。

道徳を説明しようとするときに、「個人」を中心に考える説と、「社会」を中心に考える説の二つの考え方がでてくるのは、どちらか一方が正しいとか誤っているというよりも、どちらも不十分ではないのか、そしてそれは道徳の本当の姿に関係しているのではないか、と、理系のお父さんは推測しているからです。

実際に、これまでの道徳の主な考え方を眺めてみると、同じような視点から大きく二つに分類できます。

一つ目は、「人間には理想の道徳がある」と考える人たちです。

二つ目は、「道徳は個人個人が決めるもの」と考える人たちです。

とても単純な分類ですが、これまでの道徳の考え方を、かなりきれいに分けることができます。

「人間には理想の道徳がある」とする考え方

イエス＝キリスト

「人からしてほしいと思うことを、そのとおり人にもしてあげなさい」

ブッダ

「生き物を殺さないようにしなさい。そして、殺させないようにしなさい。また、他人が殺すのも容認してはいけません」

「人間には理想の道徳がある」とする考え方の代表は、キリスト教やイスラム教や仏教のような宗教です。宗教では、神様や仏様のような、私たち通常の人間をはるかに超えた能力と権威を持つ存在が「これが人間としてすべき善いことだ、これはしてはいけない悪いことだ」という理想の内容を、私たちのかわりに、あらかじめきっちりと決めてくれています。

前述しましたが、キリスト教では「汝殺すなかれ」という神様のことばが、最も基本的な決まりであるモーセの十戒の中にでてきます。

仏教では「不殺生」が、基本的な決まりである五戒の一つとして定められています。ただし、この場合の、殺してはいけない対象はとても広く、生き物全体を指します。

その他、イスラム教やヒンズー教などあらゆる主要な宗教でも、殺人は禁止されています。

宗教を信じる者にとって、神様や仏様が善いことと悪いことの区別を、自分の代わりにしてくれるというのは、とても安定した、効率のよい仕組みです。判断に迷ったときには、宗教の経典を参照したり、専門の宗教家の所に行って指導してもらったりすればよいからです。

つかみどころのない現実の世界における、考えたり行動したりするための枠組を与えてくれているのですね。

アリストテレス
「倫理的徳は習慣にもとづいて生まれる」

孔子
「おのれにうち克って、礼にかえることが仁である」

「人間には理想の道徳がある」という考え方の、もう一つの代表は、古代ギリシャの有名な哲学者アリストテレスと古代中国の哲学者孔子の教えです。

ただし、宗教の場合と違い、「これが人間としてすべき善いことだ、これはしてはいけない悪いことだ」という理想の内容を決めてくれるのは、神様や仏様ではなく、社会の伝統です。

アリストテレスの場合は、古代ギリシャのポリスという社会を最高のものとして考え、その伝統を基準にすることで、善いことと悪いことを明快に区別しています。アリストテレスの考える理想の道徳とは、伝統的なアテネ市民の考える道徳であるということになります。

孔子の場合、自分の時代よりも過去の周王朝初期の社会を理想として、強い確信を持って、この過去の伝統へ帰ることを説いています。理想の道徳もまた、その観点から、決められています。

関連した考え方としては、古代インドの『バガヴァッド・ギーター』という書物があります。この中では、人生の最終的な目的について、「なすべき行為を遂行せよ」と書いてあり、この場合の「なすべき行為」は、当時の伝統的な社会を迷うことなく基準として考えています。

宗教のときと同じように、これらの考え方は、つかみどころのない現実の世界に生きる私たち人間に、考えたり行動したりするための枠組を与えてくれます。普通は、宗教と社会とは分かちがたい関係にあり、宗教は社会の伝統の一部に含まれる、と考えることもできますので、両者が似ているのは、ある意味当然だろうと思います。

「人間に理想の道徳がある」とする考え方は、親が子どもに対応する際の「権威主義」タイプに似ていますね。道徳とその根拠は問答無用に決まっていて「当たり前」であり、やって善いことと悪いことの区別に迷いがありません。この考えに従う人には、社会の伝統を根拠とした、安定した道徳の枠組が与えられ、進むべき道も明快に示されます。

このやり方で道徳を教わった子どもは、自分の信じている道徳こそが、理想の形である、と教え込まれているので、いかなる場合でも、自信をもって、行動することができます。少々のことでは、揺らぎません。

これだけ聞くと、子どもの教育にとって、いいことずくめのようですが、残念ながら実はそれだけではありません。後ほど述べますように、異なる社会が対立するときには、思わぬ副作用をもたらします。

「人間に理想の道徳がある」とする考え方では、社会に大きな焦点が当たっています。個人が単独で考えられることはなく、いつも社会との関係において、捉えられています。


双子に意見を聞いてみましょう。

「神様や仏様や偉い学者が、やって善いことと悪いことの区別の一番いいやり方を決めておいてくれて、みんなに教えてくれる、というのは、どうかな?」

彼らは答えます。

「それでいい」

「わかりやすい」

「それだったら、どうしたらいいか迷わない」

トップダウンは嫌がるのかなと思ったのですが、意外と好評です。

「道徳は個人個人が決めるもの」とする考え方〈前期〉

これと正反対に、「道徳は個人個人が決めるもの」とする考え方も昔からあります。

韓非子

「家来が主君の死を望むようになるのは、主君が死ななければ自分たちの権勢が強くならないからであり、主君を憎んでいるのではなく、主君が死ぬことによって自分たちの利益が得られるからである」

たとえば、古代中国の韓非子の考えでは、個人は自分勝手（利己的）な存在で、それぞれの人が、自分の利益を第一に追い求めています。社会というのは、このような利己的な人々がだまし合い、操作し合う戦場であって、その戦いにはどんな手段を使ってでも勝ち抜くべきだというのです。

彼は、この戦場において、特に君主として生き抜く方法に関して、詳しく述べています。

君主と、家臣や民衆の間の利害はいつも対立しているので、君主は、権力・勢力を根拠とする法律と、家臣をうまく操る技術で、初めて安定して国を治めることができるというのです。

このような考え方においては、人を殺すことも含めて、自分の行いは生き抜くための手段であって、行いそのものが善いとか悪いとかいうことはできません。自分の生き残りという目標にとって、手段として役立つか、役立たないかが重要なのです。

マキアヴェッリ

「たとえその行為が非難されるようなものでも、もたらした結果さえよければ、それでいいのだ」

ルネッサンス初期のイタリアのマキアヴェッリの道徳に対する考え方も、韓非子とよく似ています。彼によれば、他の人間は、自分の目的のために操作するべき対象であり、自分にどれだけ役立つかだけが重要です。共通の道徳を持った社会などというものは幻想にすぎないのです。

彼にとって、君主が治める政治制度の確立と維持が全ての目的であり、そのためには、使い古された表現ですが、手段を選ばないのです。人を殺したり、立派にふるまったり、民衆に憎まれないように行動するのは、あくまで目的を達成するための手段であって、それ自体が善いとか悪いとかいうことはできないのです。

プロタゴラス
「人間は万物の尺度である」

ゴルギアス
「何ものも存在せず、存在したとしても知りえず、知ったとしても伝えることはできない」

古代ギリシャのプロタゴラスやゴルギアスを始めとするソフィストたちの考え方や、古代インドのカウティリヤの考え方も、韓非子やマキアヴェッリの考え方にとてもよく似ています。善悪の区別は、人々が共有することのできる確固たるものではなく、便宜上のものであり、自分の都合に合わせて操作してもよいのです。

これらの考え方全てに共通するのは、普通私たちが当たり前と考える、互いの協力と信頼を前提とした社会というものを、幻想として否定していて、個人を社会から切り離して考える点です。

エピクロス
「善いことや悪いことはすべて感覚に属することである」

エピクテートス
「神はどこにいるのか？　あなたの心の中に。悪はどこにあるのか？　あなたの心の中に」

ソフィストたちから少し時代が下って出てきた、エピクロス派とストア派の考え方は、互いに対立する教えとして有名ですが、個人を社会から切り離して考えるという点では、驚くほど似通っています。
エピクロス派は、個人の快楽を追求し、ストア派は、克己禁欲に基づく個人の幸福を追求しましたが、どちらも個人の内面に重点をおき、社会とは離れたところで善悪の区別を考えています。

老子
「善と悪の違いだってどれほどのものだろう。他人が避けることは自分も避けなければ、などというが何と真理から遠いことか」

荘子
「私の目から見れば、世間の仁義のあり方や、善悪の道筋は雑然と混乱している。その区別をきちんと弁えることがどうしてできるだろうか」

古代中国の老荘の考え方も、同様の傾向があります。

老子は、既成の社会とその道徳に対して、不信感と疎外感を示しています。彼によれば、互いが顔見知りの者が寄り合ってできたくらいの大きさの集団「小国寡民《しょうこくかみん》」が、人間が生きていくのに最も適しており、国家のような巨大な社会集団は、人工的すぎて、ごまかしが多いと言っています。

荘子は、極端に社会を否定し、個人を強調します。ことばは一定した意味内容を持たないなどと言って、ことばによるコミュニケーションと、ことばによる善悪の区別を否定します。さらには、夢の自分と現実の自分と、どちらが真実なのかわからない、とまで言っています。

つまり、この世界は、自分の感じ方次第で、内容が180度逆転してしまう可能性がある、という考え方です。個人とその心だけが確かであって、社会や道徳などというものは幻想にすぎないというのです。

「道徳は個人個人が決めるもの」とする考え方の一部を示しましたが、かなり先鋭的で、社会を否定するところまで行くと、バランスが悪い感じがします。特に、韓非子の考え方は、人間の暗部だけに焦点を当てて誇張していて、読んでいると気が滅入りそうです（理系のお父さんは、悩み多い思春期の一時期には、とても好きな文章でしたが……）。

ここまでの例ですと、「人間に理想の道徳がある」とする考え方の方が、バランスがとれていて、優勢な気がします。

「道徳は個人個人が決めるもの」とする考え方〈後期〉

デカルト

「私は一つの実体であり、その本質ないし本性は考えるということだけにあって、存在するためにどんな場所も要せず、いかなる物質的なものにも依存しない」

ずっと、時代は下って17世紀のフランスでは、デカルトが『方法序説』という本の中で「私は考える、だから私は存在する」ということばを出発点として、後に西洋哲学の大きな流れとなる「観念論」の口火を切ります。

このことばを言い換えると「個人が考える、だから個人が存在し、個人に認識される社会も存在する」ということになります。社会と個人を切り離して考え、しかも個人を社会の上位に置く立場を、はっきりと表明しています。

このことばは、人間に対する、揺るぎない信頼を表していると思います。デカルトは、そのことを、「良識」とか「理性」ということばでも、表現しています。そして、善悪の区別の最終的な判断は、個人に任されることになります。

デカルトは、長い海外生活を送りましたが、この経験から「何が何でも自分の生まれ育った社会が一番」などという狭い考えはなく、社会の相対性というものをよく認識していたようです。そのことが、個人よりも社会の位置を低く考える、彼の考えの傾向に影響したのでは、と思います。

彼の考え方が正しいかどうかは、彼が不動の出発点とした「私は考える、だから私は存在する」ということばが、本当に疑いのない真実かどうか、という一点にかかります。

デカルトは、『方法序説』の後半で、彼の考える暫定的な道徳の決まりに関して述べています。その中で、生まれた国の法律と習慣を守り、その宗教を信じ、中庸な意見をとること、を挙げています。

おやおや、という感じです。個人を世界の中心におくことを主張した彼が、その一方で社会の重要性を認めざるをえず苦労した結果を示していると思います。

暫定的とはいえ、このような道徳の決まりが、「私は考える、だから私は存在する」ということばとは、つじつまが合わないことは明らかです。彼自身が、同じ本の中で矛盾してしまっているのですから、このことばは、決して、世間で言われているような疑いようのない真理などではないのです。

カント
「我々が無制限に善と認うるものとしては、この世界の内にも外にも、ただ善なる意志しか考えられない」

カントも、個人を社会から切り離して考える傾向を持っており、個人を社会の上位におき、純粋な個人の内面に、道徳の根拠があると考えました。

カントの考え方を、「善いことと悪いことは、個人個人が勝手に決めるもの」と分類すると、当然、カントに親しんだことのある親御さんたちからは、抵抗が多いと思います。

彼が、人間に共通する道徳の基準を求めて思索を繰り返したのは事実ですし、彼の言う無条件な善いこととしての「善き意志」や、道徳の法則を述べた「定言命法」は、一見すると、人間共通の道徳の法則を打ち立てたかのようです。

ところが、カントが道徳を極限まで個人のレベルに追い求めた結果、個人の信条が異なる場合の道徳の判断に関しては、解答を与えてくれないのです。

「それ自身を同時に普遍的法則としてなしうるような格率に従って行為せよ」という有名なことばは、とても立派だと思います。でも、「普遍的法則」についての共通意見がないような状況、たとえば、異なる社会が衝突する場合には意味を持たないと思います。

「善き意志」に関しても同じで、何が「善い」のかについての共通の見解がなければ、このことばは意味を持たないでしょう。「善いこと」や「普遍的法則」を、社会の文脈から切り離して、全てを個人から出発して説明しようとした結果、これらのことばは、具体的な意味を失ってしまっていると思います。

ニーチェ
「神とは、われわれ思索する人間にとっては、大づかみな答えであり、まずい料理である」

ニーチェに至っては、もっと尖鋭的で、「神は死んだ」ということばに代表されるように、既成の社会と道徳（この場合、キリスト教的な社会と道徳）を完全に否定しています。

ニーチェは、ヨーロッパにおけるキリスト教的な道徳は、弱者が強者に復讐するために作られていて、人間を卑小にする、「群れを作る動物の道徳」だとして非難しました。

彼は、このような「奴隷の道徳」を超越した「貴人の道徳」を備えた「超人」なるものの出現を予言しました。「超人」とは、社会の枠組みから切り離され、それをはるかに超える個人であると思われます。

彼の文章はとても魅力的ですが（理系のお父さんも、思春期の頃、心酔しました）、主張にははっきりとした根拠が与えられていません。また、人間がまさに「群れを作る動物」であることは、誰も否定しようもないと思います。彼の意味するところの「貴人の道徳」が一体何なのか、具体的にはわからないのも残念です。

キルケゴール

「人間は精神である。精神とは何か？　精神とは自己である」

サルトル

「人間の本性は存在しない。その本性を考える神が存在しないからである」

キルケゴールは、人間を偶然的で、孤独な存在と捉え、道徳の出発点を個人の内面に求めました。キルケゴールによれば、全てを決定するのは、個人の選択です。

ところが、彼の考える個人は神の前の個人です。しかも、その神は、彼の属していた社会における伝統的なキリスト教の神です。

キルケゴールは、一方で個人の選択が全てである、と言っておきながら、明らかに宗教的な、しかも生まれ育った環境のキリスト教的な選択を最も高く評価しています。残念ながら、論理の一貫性を欠いていると言わざるを得ないと思います。

サルトルは、実存主義を代表する学者です。デカルトの「私は考える、だから私は存在する」ということばを出発点とし、個人に焦点を当てます。キルケゴールの個人の選択の考え方の不十分な点を改善し、既成の宗教や道徳とは完全に切り離して、論理の一貫性を持たせています。

サルトルは、個人に影響を与える存在として他人も挙げます。でも、社会を積極的に評価したわけではなく、既成の社会と道徳に対して、はっきりと不信感と疎外感を示します。

しかし、代わりに、どのような道徳を提案するのかは、残念ながら明らかではありません。

ロールズ

「生まれつき恵まれた立場にある人々は、恵まれない人々の状況を改善するという条件にもとづいてのみ、自分たちの幸運から利益を得ることができる」

サンデルの講義によって、最近、ロールズの『正義論』が一部でもてはやされています。彼は、18世紀フランスのルソーが提唱した社会契約説に基づき、自由で合理的な人間が、一緒に生きていくために互いに合意する決まりの中に、正義の根拠を求めました。道徳が善悪の区別であるのに対し、正義はその判断に従って、各人が相応しい報い（賞や罰）を受けることを指します。道徳と正義とは、当然ですが、密接に関連し合っています。

ロールズはここにさらに社会契約論を組み合わせて、社会的、経済的に恵まれない人に対する利益の分配という正義もあるのだと主張しています。とても立派な意見だと思います。

ただ、ロールズは「自由」で「合理的」な人間を前提として議論を進めますが、社会の枠組みに全く影響されない「自由」な人間など存在するのでしょうか。また、「合理的」ということばは、その中にすでに「善い」というニュアンスを含んでいますので、その内容について共通の見解がなければ、このことばを含む主張は、意味を持たないと思います。

これらのことばの使い方からもわかるように、彼の主張は、観念論の流れをくみ、個人を社会とは切り離し、個人の内面に判断の尺度があると考えています。カントと同様に、社会の文脈から切り離して、全てを個人から出発して説明しようとした結果、彼のことばは、具体的な意味を失っていると思います。また、異なる社会が衝突するような状況に対しては、説得力のある解決法は示しません。

事実、『万民の法』という本の中で、「ならず者国家」に対する戦争では、民間人を攻撃しても正当化される場合がある、と言っていますが、まさに彼の考え方の限界を示していると思います。

「当たり前」のことは本当に当たり前か

「道徳は個人個人が決めるもの」という考え方のデカルト以降の部分を見てきました。

理系のお父さんが考えるに、デカルト以降の人たちの大きな特徴は、人間に対する大きな信頼にあります。彼らは、デカルトが言っていた「理性」とか「良識」ということばで代表される能力を、人間全員が持っていることを「当たり前」のこと、と考えています。「自由」とか「合理的」ということばも、同類ですね。

全体的に否定的なトーンの強いニーチェでさえ、その根底には、人間に対する大きな信頼があると思います。そうでなければ、「超人」などということは考えつかないと思います。韓非子とは、えらい違いです。

その信頼感がデカルト以降の考え方にポジティブな感じを与えており、世間でとても人気がある理由だと思います。誰でも疑われるより、信頼される方が嬉しいですよね。

ですが、人間が持っていて「当たり前」と彼らが考える「理性」とか「良識」とは何なのか、何を根拠にみんな持っていると考えているかといわれると、実は、かなりあいまいです。

彼らが否定したキリスト教的な「神」や「伝統」の代わりに、自分たちが「当たり前」と考える「理性」と「良識」を問答無用に持ってきて置き換えただけ、とも取られかねません。

そのあたりのことをはっきりさせておかないと、ロールズの例のように、意見が異なり敵対する社会は、自分たちが「当たり前」と考える「理性」も「良識」もない「ならず者国家」ということになって、めちゃくちゃなことをしても許されることになります。

普段、「当たり前」と思っていることの内容を疑わないことが、いつでも一番危ないようですね。

双子に感想を聞いてみましょう。

「『善い悪いは、一人ひとりが自由に決める』というのはどうだろう。君たちは、お父さんに怒られることもないし、勝手に決めることができるよ」

「うーん、どうしていいかわからない」

「みんな勝手にすると困るかも」

手放しで喜ぶかと思いましたが、意外なことに、そうでもないようです。

「どうして喜ばないの？」

「だって、勝手にできると、悪い子がめちゃくちゃすると思う」

「いじめっ子が、大変」

「みんながいい子だったら、大丈夫だと思うけれど……」

いつもあんなに怒られているのに、自分は、とてもよい子だとでも思っているのでしょうか。誰に似たのか楽天家です。

最後の「みんながいい子だったら」ということばからわかるように、他の子どもたちがみんな「理性」や「良識」を持っていることは、双子は必ずしも「当たり前」とは考えていないようですね。

「理想の道徳」の限界

「人間には理想の道徳がある」と、「道徳は個人個人が決めるもの」という二つの考え方を比べてみると、バランスがよくて安定しているという感じを受けるのは、前者の考え方でしょう。小さい子どもにも教えやすいし、教わった子どもも、自信を持って善悪の区別ができると思います。わかりやすいと、双子にも好評でした。

でも、世界のさまざまな宗教を見てもわかるように、「理想の道徳」についての考え方は一つではありません、多数あります。このこと自体、この考え方の限界を示していると思います。

もし、「理想の道徳」について異なる考え方を持つ社会が、争ったらどうなるでしょうか。自分こそが理想の道徳の枠組みを持っている、と確信している社会どうしの争いですので、歯止めのきかない恐ろしい戦いになってしまう危険性があります。実際、これまで起きた宗教間の戦争や、同じ宗教の中の宗派間の争いは、どれも悲惨なものでした。歴史や社会の教科書から、典型的な例を拾ってみましょう。

キリスト教徒が11世紀から13世紀にかけて聖地エルサレムを奪回するために送った十字軍は、イスラム教徒やユダヤ教徒などの異なる宗教を信じる人々を多数殺しました。ところが、この戦争を指導した人々は、背教者になるどころか、英雄として扱われています。

中世ヨーロッパにおける、キリスト教の異端者狩りも、魔女裁判で広く知られているようにとても残酷なものでした。

現代の米国で起きている、中絶に強く反対するキリスト教徒による、中絶クリニック関係者の殺害は、一種の異端者狩りと考えることができます。

熱心な仏教国であるスリランカ共和国で繰り広げられた、仏教徒とヒンズー教徒の間の血で血を洗う凄惨な戦いのニュースは、聞いたことのある人も多いと思います。

古代の日本では、熱心な仏教信者であった聖徳太子は、仏教の布教に反対する物部氏との戦争において、仏様に戦争での勝利を祈願しました。また、かつての日本の大寺院は僧兵を擁していて、異なる宗派間で殺し合いをしました。

今、一部のイスラム教徒が、自分と意見を異にする社会に対して展開しているテロも、皆さんが見聞きしている通り、残酷かつ悲惨きわまりないものです。

これらの宗教は、「汝殺すなかれ」や「不殺生」などのことばで、身内では厳しく殺人を禁じているのですが、異なる宗教や宗派と争ったときは、それは、ちっとも守られることはありません。

結局、「人間には理想の道徳がある」という考え方は、同じ考え方を持つ者の間では安定した社会を作ることができますが、異なる考え方を持つ社会との関係は、柔軟性が低く、ときには破壊的になるようです。

急速に国際化が進む今日において、このような考え方だけでは、異なる社会の間の摩擦を乗り越え、共生するためのうまい枠組みを構築することはできないでしょう。少なくとも、今のような考え方をそのまま使うわけにはいかないでしょう。

「個人を中心とする考え」の限界

では、「道徳は個人個人が決めるもの」という考え方はどうでしょうか。現代では、こちらの考え方（特に〈後期〉デカルト以降の考え方）の方が、大人の間では圧倒的に人気ですね。

でも、この考え方の最大の弱点は、道徳の具体的な決まりを決めてくれないことです。善悪の区別を、社会から切り離した個人に任せたのだから当然といえば当然です。韓非子やマキアヴェッリは、最初から、決めるつもりもなかったと思います。

ですから、「道徳は個人個人が決めるもの」と考える立場は、「人間には理想の道徳がある」というライバルの立場の宗教や古典的な哲学に対して、いろいろと批判するのですが、それに代わる、新しい道徳の枠組みを、具体的に提案することができないのです。

デカルトや彼を信奉する人たちは、「理性」とか「良識」ということばで代表される能力を、人間全員が持っていることを「当たり前」と考えていたので、この能力が働けば、自然と人間に共通する、理想の道徳の枠組みが形作られる、と楽観的に考えていたのだと思います。

このような考え方は、結果的に、「人間には理想の道徳がある」という考えに近くなっている点が面白いと思います。実は「当たり前」と考える前提が、入れ替わっただけですね。

しかし、個人に重点を置きすぎると、道徳の枠組みは具体的な意味を失ってしまいます。「人間には理想の道徳がある」という考え方と同様、異なる社会がぶつかり合う状況において、「道徳は個人個人が決めるもの」とする考え方は、うまい解決法を提供してくれません。

「人間には理想の道徳がある」という考え方よりは、ずっと柔軟ではありますが、その柔軟さが災いして、共通の道徳の枠組みを構築することができず、肝心なときに何も決断することができません。

その結果、争いが起きた時も調停できず、傍観者として、「『理性』や『良識』が、きちんとあれば、意見が一致するはずなのになあ……」と嘆くことになるのです。

結論を言いますと、理系のお父さんとしては、道徳についての代表的な二つの考え方は、どちらも不完全だと思います。どちらの考え方も、前章の最後で子どもたちに投げかけた問題を、きちんと解決できません。

これまでの考え方に足りないもの

では、理系のお父さんは、どうしたらいいのでしょうか。

唐突ですが、既成の教えがないのであれば、子どもたちに作ってあげるしかありません。

工学では、問題点を見つけ出（検出）したら、それを分析し、その結果を統合して新たなシステムを作り、それを動かして、問題点がどうなるか見る、というのは、普通に行う作業です。

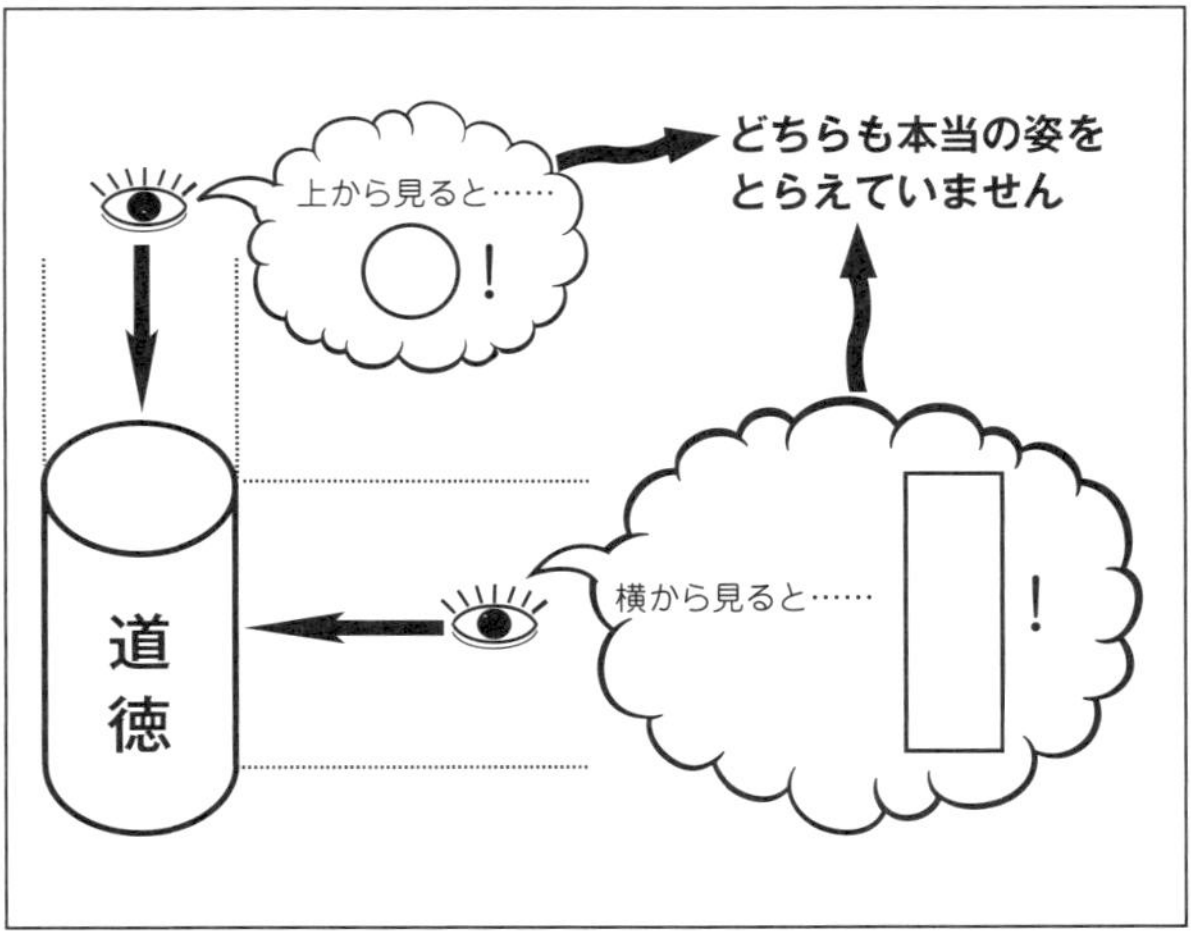

概念図：過去のモデルの失敗原因

これまでの考え方に足りないものは何でしょうか。

二つの代表的な考えは、長い歴史を持っているわけですので、全く根拠のない空論ではないでしょう。むしろ、二つの考え方は、一部正しい点を含んでいるのでしょう。

でも、最終的には、「戦争や死刑で人を殺すことについては、善悪の区別がうまく説明できない」という問題を解決できなかったのは、どうしてでしょうか。

理系のお父さんは、それは二つの考え方が、それぞれ道徳の本当の姿の一つの側面だけを取り出して示したものだから、と考えます。

たとえば、円柱は上から見れば円ですが、

横から見れば長方形ですね。上からだけ見ていれば、円だと思うし、横からだけ見ていれば、長方形だと思います。でも、どちらも本当の姿を捉えていません。本当の姿は、あくまで円柱なのです。

これと同じように、道徳の本当の姿は立体のようなもので、人間全体に共通で「変化しない」側面と、共通でない「変化する」側面からなっている、と考えるのはどうでしょう。

それを、一方向だけから見ているから、

「人間に共通の理想的な形がある」

「いや、ころころ変わる」

と意見が割れてしまうのではないでしょうか。

この考え方は、あくまで暫定的な案（作業仮説）です。

次の章では「人を殺してはいけない」という決まりを例にとって、理系のお父さんの考え方が正しいか、それとも正しくないか、テストしてみたいと思います。

双子にはこう言っておきます。

「これまで偉い人たちが考えた、主な二つの考え方を調べてみたけれど、戦争や死刑での人殺しについては、善悪の区別がうまく説明できなかったよ。二つの考え方は、たぶん、道徳の見方が、少し偏っていると思うんだ。お父さんは、君たちと一緒に、道徳の本当の姿を研究してみたいんだけど」

昆虫や石を集めて調べるのが好きな双子は、目を輝かせて言います。

「やるやる、一緒に研究しよう」

「なにからやる？」

地味な内容の研究なのに、ありがたい限りです。まだお父さんは人気があるようです。もう少し大きくなったらお父さんは、全然相手にしてもらえなくなるんだろうけれど、いつまで付き合ってくれるのかなあ。

第三章

道徳の基本原理をモデル化する

［モデル構築］

この章では、道徳の本当の姿を暴き、基本原理についての新しいモデルを構築します。さらに、このモデルが現実をよく説明することを明らかにします。

誰を殺してはいけないのか

「人を殺してはいけない」という決まりの、「変化する側面」と「変化しない側面」は何でしょうか。

前に述べましたように、戦争や死刑の際に、このことばの矛盾点が明らかになりましたので、もう一度、その状況で考えてみましょう。

戦争のときには、「人を殺してはいけない」という決まりは、敵に対しては、適用されませんでした。ということは、変化するのは「人」の部分と思われます。

ここで、「人」ということばの意味を考えてみましょう。普通「人」は人間一般を指す、と誰もが思います。その通りに解釈すると、「人間一般を殺してはいけない」となりますが、この決まりは、今まで少しも守られず、守る努力もされなかった矛盾に満ちた規律ということになります。

でも、戦争の例からわかるように、この場合の「人」には、敵の人間は含まれていないのです。すなわち、「人」が意味するのは、字面とは違って、「仲間の人間」だけなのです。

死刑の時はどうでしょうか。この場合、説明するのは少し難しいです。というのは、死刑になるのは、戦争の時の敵とは違い、通常は同じ社会に属する人間だからです。

実際の裁判で死刑になる条件を考えてみると、多数の人を殺した、残虐な殺し方をした、反省していない、計画性があった、再犯である、などが判断の基準になっています。

これらの条件は、社会の決まりを破って大きな損害を与えただけでなく、今後も矯正して社会に戻すことのできる可能性が低いということを示しているようです。

要するに、

「社会の大きな敵であり、しかも、今後も仲間になれる可能性の少ない人間である」とみなされたということだと思います。

まとめると、「人を殺してはいけない」という決まりの中の「人」は、人間一般を指しているのではなく、実際は「仲間の人間」だけを指しているということがわかりました。

こうすると、この決まりは、これまでとてもよく守られてきたことがわかります。

誰のための決まりか

モーセの十戒の「汝殺すなかれ」という戒律も、「汝（人間一般を）殺すなかれ」と補うと、ちっとも守られてこなかった、矛盾に満ちた決まりになります。

悪名高い例では、旧約聖書のヨシュア記には、ヨシュアが神の命令に従い、イスラエルの民を率いて、他部族を攻撃し、多くの場合は女子供も含めて皆殺しにして征服していった様子が記載されています。

でも、これは決まりの適用範囲を勘違いしたのであって、「汝（仲間を）殺すなかれ」と正しく補うことで、人々にとてもよく守られてきた決まりであるということが、わかります。

「不殺生」の場合も同じで、「（仲間の）不殺生」とでも補えば、聖徳太子が、物部氏の滅亡を仏様に願って、なぜ矛盾を感じず平気でいられるのかがわかりますし、僧兵の暴力やスリランカでの凄惨な戦いも理解できます。

つまり、道徳の決まりは、本来は限られた仲間内での掟なのです。

逆に、「仲間を殺してはいけない」という決まりは、私の知る限り、あらゆる社会に共通の、変化しない掟の一つです。

このことに関連して、チャップリンが映画『殺人狂時代』の中で、彼の扮する殺人鬼に、

「一人殺せば悪人で、百万人殺せば英雄」

という有名なことばを言わせていますが、これは、大きな誤解です。百万人でも仲間なら殺人犯になりますし、一人でも敵なら英雄になります。数の多寡は関係ないのです。

ですから、正しくは、

「仲間を殺せば悪人で、敵を殺せば英雄」

と言うべきなのです。

私はチャップリンの作品が大好きですが、このことばだけは、ちょっと違うかなと思っています。

仲間の範囲は変わる

ここで、気をつけなければいけないのは、仲間の範囲は、決して固定されたものではなく、変化に富んでいることです。時間とともにも変化します。そのため、固定された視点からは、決まり自体がころころと変わってしまうかのように見えることがあります。

その外見にまどわされて、「道徳は個人個人が決めるもの」と思ってしまうと、何もかも個人で説明しようとすることになり、偏った見方になってしまうのでしょう。でも、実際は、仲間の範囲の中では、決まりはしっかりと守られているのです。

関連したこととして、東日本大震災による原子力発電所の事故に際しての、各国大使館の人々の行動は、仲間の範囲の変わり身の速さを、いやというほど見せつけてくれました。大使館の方々というのは、平時には、とても社交的であり、異文化に対する理解もあって、国際人であるという印象を与えます。日本をまるで第二の故郷に考えているかのような印象を与えます。

ところが、原発事故を境にして、彼らの態度は一変しました。事故に敏感に反応して関西などに避難し、時には本国に帰ってしまいました。自国民に対しても、過剰と思える出国命令や渡航制限をかけてきました。東京にとどまっている私たちは、普通の生活をしているのに、まるで見捨てるかのような態度です。

これらの態度や行動の変化を見て、私たちは同じ人間じゃないのか、冷たい、えげつないと思った方もおられると思います。でも、平時と緊急時では、仲間の範囲は変わるのです。文字通り、第一の故郷は、第二の故郷に優先されるのです。

放射能の危機を前にして、彼らの仲間の範囲は、自国の人間に縮小したのであり、その範囲では道徳的で立派な行動をしているのです。

危機になればなるほど、資源が限られれば限られるほど、仲間の範囲は狭まって、自分にとって、よりコアな重要度の高い集団へと縮んで行くのですね。

「非人間」は人間か

関連することとして、「人」や「人間」といったことばが、私たちがはっきりと意識しないうちに、「仲間」の意味で使われていることがよくあります。

たとえば、現実でもフィクションでも、連続殺人などの凶悪な犯罪を見聞きしたとき、私たちは普通、

「非人間的な行いだ。犯人は人間じゃない」

などと思います。でも字面通りに、犯人が、別の動物になるわけでないのはもちろんですね。

この場合の「人間」も、人間一般ではなく、「仲間」を指しています。本音のことばで

翻訳すれば、「非仲間的な行いだ。犯人は仲間じゃない」です。

「仲間」じゃない、と思ったとたん、私たちは、犯人に対して普通の道徳は適用しなくなります。現実では、犯人の死刑を許容します。フィクションでは、とても人道的には許されないような残酷な処刑を許容し、犯人の最期を見て爽快な気分になるのです。

逆に、私たちが使う「人間的」ということばは、普通は「仲間的」という意味を表しています。だから、社会において仲間の人間としてなすべき行い、たとえば、人助けや自己犠牲などを指すのが普通で、いくら人間の現実であっても、人殺しや盗みを「人間的」とは言わないですよね。

よく、道徳を教える際に、「人の痛みを知ることが大切」などと言いますが、実は、この「人」も普通は「仲間」だけを指しています。

このことをよく理解していませんと、子どもに、

「じゃあ、なぜ戦争で人を殺すと、勲章をもらったりして、褒められるの？」

「なぜ、死刑があるの？」

と聞かれても答えられないことになります。

仲間と罪悪感

「仲間を殺してはいけない」という決まりと対応して、普通、私たちは、仲間を殺したときに強烈な罪悪感を覚えます。フィクションではありますが、ドストエフスキーの『罪と罰』に出てくる、ラスコーリニコフの殺人の話は、典型的な例だと思います。

ラスコーリニコフは、「偉大な人間は社会の役に立たない劣った人間を犠牲にしてよい」と考え、金目当てに、強欲で人間性のかけらもないような質屋の老女を斧で殺します。ところが、そこに老女の妹がたまたま帰ってきて、犯行を目撃され、彼女も殺してしまいます。

もし、彼が質屋の老女だけを殺していたら、おそらく彼は罪悪感に苛まれることはなかったと思います。彼にとって、質屋の老女は、彼が目指す社会改善にとっての敵、「非人間的」な存在だったからです。

でも、老女の妹は、彼も善良と認める、「人間的」な人でした。そのため、彼は、激しい罪悪感に責め立てられ、結局は自分の罪を告白せざるを得なくなります。同じ人間、しかも姉妹でありながら、その殺人の意味するところは、大きく異なるのです。

仲間のバロメーター

私たちは、仲間と罪悪感の関係をよく知っていて、罪を裁くのによく利用しています。たとえば、死刑かどうかを裁判官や裁判員が判断する際に、反省しているかいないか、は重要なポイントですが、これは、罪悪感があるかどうかを間接的に見ることで、私たちのことを仲間と思っているかどうかを調べているのだと思います。

反省がなければ、私たちを仲間と思っていないということですので、こちらとしても、仲間とは認めず、死刑を許容する方に傾きます。

反省があれば、私たちを仲間と思う気持ちがまだあるわけですので、死刑ではなく、生かしておいて、仲間として矯正させようという方に傾きます。

罪悪感の有無は、主観的であるようで、仲間であるかどうかを測定する優れた方法です。よく考えると、殺した人数が多いとか、残虐な殺し方をしたとか、計画性があったとか、再犯であるとか、を死刑の判決の際に考慮するのも、仲間であるかどうかを間接的に測定していると考えられます。

どこの国でも、内乱罪がとても重く罰されるのは、それが仲間ではないことそのものを示している罪だからだと思います。

また、多くの国で、未成年者の犯罪に対する刑罰が、成人の犯罪に対する刑罰よりも軽いのは、「未成年者の判断は未熟だから、過ちは、ある程度は大目に見ないと」と思っているとともに、「彼らの心は柔軟なので、再教育して矯正すれば、社会の仲間に引き戻せる可能性が高い」と考えているからだと思います。

免疫系の自己と非自己

ここで少し生物学の話をさせてください。レベルは異なりますが、私たちの体も、仲間か仲間でないか、という判断を常にしています。それは、免疫系が行う、自己と非自己の区別です。病原菌が体に入ると、まず、自然免疫という機構が働きます。この免疫を担当するマクロファージや好中球と呼ばれる細胞は、病原菌の大雑把な特徴（細胞壁、鞭毛など）をとらえて、迅速に攻撃し排除します。私たちの体は、進化の中で、病原菌との長い戦いを通じて、彼らに特有の分子パターンを抽出し、短時間で彼らの存在を検出できるシステムを作り上げたのです。

自然免疫はいわば短期決戦型の対応ですが、その間に、樹状細胞という細胞を介して、「獲得免疫」が誘導されます。予防注射でできる免疫がわかりやすいですね。獲得免疫は、時間がかかりますが、リンパ球という細胞が非常に緻密に病原体の特徴を認識して、ピンポイントで攻撃し、排除します。また、長期間記憶され、二度目の攻撃を受けた時は、より迅速に、強力に反撃します。

ここまでは、人間対病原菌という仲間・非仲間の区別を述べましたが、獲得免疫の仕組みは、人間どうしの間でも、細胞表面の分子の特徴（いわばＩＤです）の違いを用いて、厳密に自己と非自己を区別することができます。たとえば、大やけどをおったとき、皮膚の移植が必要ですが、一卵性双生児のような同じ遺伝情報を持つクローンでない限り、移植した皮膚は、患者の免疫系から攻撃を受けて排除されてしまいます。

また、免疫系が誤って自分を攻撃しないように、自分と同じＩＤを持つ細胞を攻撃するリンパ球を再教育したり排除したりする仕組み（自己免疫寛容といいます）があるのですが、この仕組みがうまくいかないと、免疫系が過剰に働き、自己免疫疾患という状態に陥ります。たくさんの病気がありますが、インスリン依存性糖尿病や、関節リウマチなどが有名です。自己と非自己の区別は、危ういバランスの上にあるのです。

仲間と非仲間の区別として、人間対病原菌、自分対他人というのはわかりやすいのですが、実は、私たちの腸内に共生している微生物に対しては、免疫系は攻撃をしません。人間とこれらの腸内微生物が長い時間をかけて共に進化する過程（共進化）で、仲間と認める機構が発達してきたのだと考えられています。結構フレキシブルな面もあるようです。

話は変わりますが、共進化には他にも面白い例があります。ある種のエビとハゼは、エビの作った巣穴で共同生活をします。エビは巣穴を維持、管理します。ハゼはこの巣穴を使う代わりに、入口で見張り役をし、外敵が迫った時にすばやくエビに知らせます。種を超えて、彼らは互いを仲間とみなしているのでしょう。

また、私たち真核生物（細胞核を有する生物）の細胞の中で、エネルギー産生に重要な役割を果たすミトコンドリアは、遠い昔に、共進化の結果、真核細胞の祖先の細胞が、細菌の細胞を取り込んだものであるといわれています。細菌が我々の細胞の一部になっているなんて、とても不思議な気がしますね。

人間における仲間の範囲は相対的かつ変化に富むことを述べましたが、もっと広い視点で生物全体を考えた際にも、仲間と非仲間の区別は、とてもバラエティーに富んでいて、柔軟な面を持っていることがわかっていただけたかと思います。

仲間を作りだす「親しみの力」

「人を殺してはいけない」という道徳の決まりの「人」が、「仲間」を指すことがわかりましたが、そもそも仲間って何でしょうか。

双子に聞いてみましょう。

「仲間って何だろうね？」

すぐに彼らは答えます。

「友だち」

「兄弟」

「それだけ？」

さらに考えさせます。

「おとうさん、おかあさん」

「おばあちゃん、おじいちゃん」

「おじさん、おばさん、いとこのお兄ちゃん、お姉ちゃん」

「学校の先生」

子どもたちにとっての仲間は、直接会ったことのある、顔見知りの人ばかりです。

理系のお父さん自身も、仲間であるという気持ちを持っている人を考えてみましょう。まず真っ先に心に浮かぶのは、顔見知りの仲のいい人です。家族、友人に続いて、職場の同僚たちが入ってきます。次に、近所の人でしょうか。

ここで、大人の場合は、顔見知りでない人もたくさん仲間に入ってきます。一度も会ったことのない、出身学校の卒業生や同じ職場の職員などに対しても、仲間であるという気持ちを弱いながら持っています。もっと大きな集団としては、同じ地域の人々や県民、国民、民族、宗教の信者などに対しても、仲間であるという気持ちを持っています。

「○○大学は、いまひとつ」

「○○県民は、ださい」

などと言われると、なぜかむっとしますよね。また、オリンピックやワールドカップでは、自然と自国の選手を応援しますよね。

その一方で、環境問題などに関しては、地球全体の人間に対して、仲間であるという気持ちを漠然と持っています。

トピックによって、範囲はさまざまですが、「なぜ、顔見知りでない人に対しても、仲間であるという気持ちを持つのか」に関しては、後ほど述べたいと思います。

話を簡単にするために、顔見知りの仲間に限定しましょう。

顔見知りであっても、誰でも仲間という気持ちを持つわけではなく、いじめっ子であるとか、虐待者であるとか、危害を加える人に対しては、仲間であるという気持ちは起きないようです。いじめや虐待をする人に対して、親しみを感じ、懐かしがる人は、普通はいないですよね。

この「親しみ」を感じることが、仲間であるという気持ちを支える重要な要素だと、理系のお父さんは考えます。

出会いは親しみのもと

じゃあ、「親しみ」ってなんでしょうか。親や子どもや兄弟に対しては、普通強い親しみを感じる方が多いと思いますので、家族の親しみは特別なのでしょうか。遺伝子によって、血のつながったものどうしは、親しみをもつようにプログラムされている、という考え方ですね。

でも、人間は、血のつながっていない育ての親や養子に対しても、実の親や子どもに対するのに劣らない親しみを感じている例が数多くありますので、そうではなくて、家族として一緒に過ごした時間の方が大事そうです。

自分が親しみを感じる人々を思い浮かべてみてください。危害を加える人には普通親しみは感じない、と言いました。逆に、助けてくれる人はどうでしょうか。確かに、自分をサポートして助けてくれる親や兄弟や友達や先生には親しみを強く感じるようです。これはわかりやすいですね。

でも、それだけでしょうか。たとえ、実際にサポートしたり助けてくれたりする人でなくても、たとえば、毎日道端で会って挨拶する近所の人にも、程度は弱いですが、親しみを感じます。また対象が人間でなくても、毎日毎日見る風景、飼っている動物、通っている学校などに関しても、親しみを感じます。

どうやら、私たちが親しみを感じるのは、「長い間繰り返して出会っていて、こちらに危害を加えないような対象（人だけでなく動物やモノも）」のようです。一種の慣れですね。

人でも、動物でも、モノでもいいですから、未知の対象に、いきなり出会ったときのことを想像してみてください。敵かもしれないとか、食べられるかもしれないとか、危険かもしれないとか、いろいろと考え、緊張してストレスを感じます。

これが長い間繰り返し出会っていて、こちらに危害を加えないとわかっている対象であれば、どのような行動をするかも簡単に予測でき、余計な心配をせずに、リラックスして接することができます。私たちは、このような対象に「親しみ」を覚えるようです。よく考えると、同時に「飽き」も感じますね。

予測ができて気が抜ける、というのが、親しみを感じるときの重要なポイントのようです。

日常への影響

異なる社会の人々が、私たちには全く理解できないような生活習慣に親しみを覚えていることがあります。また、その逆のことも起こります。

たとえば、食習慣では、関西人の多くは納豆をまずいと思い、関東人の多くはおいしいと思います。これは、純粋に慣れの問題です。子どもの頃から、繰り返し食べているかどうか、が鍵を握っています。

これを生まれつき、決まった性質と考える方はいないですね。関東や関西の人が引っ越したら、子どもたちの好みは入れ替わりますからね。

同様に、異国の文化に初めて接したときに、「何でこんなゲテモノを食べるのか」とか、「何でこんなばかげた習慣があるのか」と感じることがよくあります。

こういうことが起きるのは、生活習慣であっても、「長い間繰り返して出会っていて、こちらに危害を加えないような対象」に親しみを感じるからです。決して、どちらかの生活習慣が優れていて、どちらかが劣っているわけではないのです。

「子どもの頃から聴かされている音楽に特別な親しみを感じる」のも、「大した曲でもないのに、毎日繰り返し聴かされるコマーシャルソングに親しみを覚えてしまう」のも、「子どもの頃から繰り返している習慣に愛着を感じる」のも、「毎日見ている風景に特別な郷愁を感じる」のも、同じ感覚だと思います。

理系のお父さんは、6年間くらい米国で過ごしましたが、その間、日本で流行して、みんなが熱狂していた、アイドルグループを見てもその歌を聴いても、何がいいんだかわからず、ちっともピンときません。逆に、そのころ米国で流行っていた、コメディーの話をしても、そのころ日本にいた人には、ピンとこないようです。

どっちが優れているとか劣っているではなくて、どれだけ繰り返し長い間、出会っていたか、だけなのですね。

バーチャルな出会い

先ほど、大人の場合は、子どもの場合よりも、仲間という気持ちを持つ範囲が広くて、顔見知りではない人間もたくさん入ってくると言いました。とても大きな集団である宗教や国家や民族がその代表です。

このような大きな社会は、顔見知りの人たちだけでは、とても実現できないような便利で豊かな社会を実現しています。水道や消防や郵便などの仕組みを考えてみてください。たくさんの顔見知りでない人たちが助けてくれていますよね。

宗教や国家や民族の集団の中には、もちろん、顔見知りの人もいますが、大部分はこれまで会ったこともないし、これからも会うことはない人々です。それなのに、私たちは、当たり前のように協力、分業して社会を作っています。

よく考えると、とても不思議ですね。なぜ、こんな集団ができるのでしょうか。

宗教での出会い

宗教の最も重要な機能は、つかみどころのない現実の世界に、考えたり行動したりする際の枠組を与えてくれることだと、先ほど述べました。宗教の教えや儀式は、その枠組を手掛かりに見た世界観を表したものであると思います。

信者の人たちは、それらを学び、実践して、自分の世界観として取り入れます。

つまり、同じ宗教の信者であれば、同じような世界観を持つことが保証されている、ということになります。たとえ、一度も出会ったことがなくても、同じ宗教を持つというだけで、相手の考え方や行動の仕方が手に取るようにわかるというわけです。まるで、気心の通じた古い友人のようですね。

私たちは「長い間繰り返して出会っていて、こちらに危害を加えないような対象」に親しみを感じる、と言いましたが、宗教の教えや儀式は、出会うことの代わりのもの、いわば「バーチャルな出会い」として働いているのです。このバーチャルな出会いが親しみを生み出し、仲間であるという気持ちを作り出しているのです。

宗教による、バーチャルな出会いに基づく親しみの中でも、教祖に対する親しみは、ときとして直接の出会いに基づく親しみを上回ることがあります。信仰心の強い人にとって、まるで、手取り足とり人生についていろいろと教えてくれた親や学校の先生のようなものです。

たとえば、米国で、同性愛の嗜好を持つ子どもが、親から勘当されてホームレスになる例がかなりあることが以前ニュースになりました。親はいずれも熱心なキリスト教徒でした。親たちは、実際には会ったことも話したこともない、２０００年前に生きていた教祖の意見を重視し、幼いころから愛し育ててきた子どもを、教祖の教えに背いた者として捨てたのです。

宗教で、家族の比喩がよく使われるのは、とても面白いことだと思います。宗教と家族とでは、その差ははっきりとしていて、通常、家族は血がつながっているのに対し、信者に血のつながりはありません。ほとんどの場合、信者は、出会ったことすらありません。

それなのに、どうして家族の比喩が使われ、しかもそれがすんなりと受け入れられているのでしょうか。

実は、信者にとって、教えと儀式は、血の代わりであり、これらを共有することは、血を共有することに等しいのです。

血のつながりは、先ほど述べた養子などの例でもわかるように、必ずしも、それだけで親しみを保証するものではないのです。でも普通は、血のつながりの濃い者ほど一緒に暮らしていて出会いも多いため、人間の頭の中では、血のつながりイコール親しみと捉えられています。

直接の顔見知りに基づく仲間の範囲は、せいぜい数百人程度と見積もられています。私

バーチャルな出会い

=

人間だけにある、
本当の出会いの代替

宗教における教え・儀式
国家・民族における文化

表：特殊な出会い

のような凡人が、顔と名前をしっかり覚えられる限界ですね。

でも、バーチャルな出会いを使うことで、仲間の範囲は飛躍的に拡大し、空間だけでなく、未来や過去という時間をも超えることができるようになったのです。

ゲームとは比べ物にならない大きなスケールのバーチャル・リアリティーの一種なのですね。

国家や民族での出会い

国家や民族の場合も、宗教の場合と似ています。国家や民族の場合に、宗教の教えや儀式のように、バーチャルな出会いとして働くのは、ことばや食事や生活習慣を含む文化だと思います。

国家や民族は、文化の標準を決めて、集団の中の考え方や行動の仕方を同じようにまとめようとします。この標準に従わない人間は、異端者として仲間外れにされ、ときには罰せられます。

たとえば、標準語から外れたことばのなまりが、冷やかされるのは、どこの国でも大体同じです。動物の内臓を食べることが、動物の筋肉しか食べない国では野蛮なこととみなされます。挨拶するときに、おじぎをする国では握手が、握手をする国ではおじぎが、おかしなやり方と笑われます。

これらに優劣があるわけではなく、ただ、そうと決まっているだけで、別に、そうでなくてもよいことばかりですね。

このように、文化を標準化し、そこから外れた者は除くことで、集団の中での考え方や行動の仕方は統一されます。すると、考え方や行動の仕方をよく予測できるようになり、直接出会ったことのない人々も、まるで古くからの親しい友人のような存在となるわけです。この方が、集団のまとまりはよくなりますよね。

挨拶の例を詳しく見てみましょう。挨拶は、互いに仲間であることを簡単に素早く確認する方法だと思いますが、そのやり方は、文化によってさまざまです。その間にもちろん、優劣などないのですが、多くの、特に異文化を知らない人たちは、自分たちのやり方こそ最も文化的で最高だと、特に根拠もなく思っています。

でも、挨拶で本当に重要なのは、やり方のディテールではなく、ある特定のやり方が決まっていて、それに仲間が従うことになっている、という点です。決められた一定のやり方にさえ従えば、たとえ、全然心がこもっていなくても、驚くほど簡単に、仲間として受け入れられます。大事なのは、形式だけなんですね。

逆に、一定のやり方に従っていないと、たとえ、とても心がこもっていたとしても、適切な挨拶とは認められず、したがって、仲間として扱ってもらえず、まともな人間扱いされません。

だから、「挨拶もろくにできないやつ」と言えば、どうしようもないダメ人間ということになります。

ところが、この「挨拶もろくにできないやつ」の「挨拶」は、ある特定の文化の挨拶を指すわけですから、ほとんどの外国人が「挨拶もろくにできないやつ」ということになってしまいます。その結果、異文化の間では、挨拶をめぐって、しばしば誤解と摩擦が起きます。

愛国心や民族のアイデンティティー

「愛国心」や「民族のアイデンティティー」ということばは、多くの人々にとって、命よりも大事な意味を持ちます。国家や民族がまとまって力を発揮するときに、大きな求心力となります。

でも、国家も民族も、仲間であるという気持ちは、文化を通したバーチャルな出会いによって形作られています。ですから、「愛国心」や「民族のアイデンティティー」も、バーチャルな側面を含んでいます。

こういう風に言うと、親御さんの中には、「ちょっと待って、それではあんまり単純化しすぎではないの。国家に対する愛国心は、もっと崇高なものだと思う」とか、「民族に対する愛情には、説明できない神秘的な何かがある」という方も多くいらっしゃると思います。

崇高であるとか神秘的ということばには、おそらく、変えてはいけない絶対的なもの、というニュアンスがあると思います。でも、こういう方たちは、バーチャル・リアリティーの真ん中にどっぷりとつかっていて、そうであると思い込んでいるだけなのです。それは、国家や民族は、決して固定されたものでも、絶対的なものでもないのです。それは、国家や民族の辺縁にいる、ある人たちのことを考えるとわかります。

混血児にとっての現実

異なる国家や民族に属する父と母の間の結婚で生まれた、いわゆる混血児にとって、これらの集団が、バーチャルなものであることは明らかです。

彼らは、父と母双方から血を受け継いでいますが、「半分身内の血を持っているので、仲間だ」と言われることもあれば、「半分しか身内の血を持っていないから敵だ」とか、「半分もよそ者の血を持っているから敵だ」とも言われたりします。異なる比率の場合でも同じことです。

周りの人間が、そのときどきに都合のいいように、解釈しているだけですね。

最も極端な例は、人種差別が当たり前であった頃の米国南部で使われていた悪名高い「一滴ルール」があります。このルールでは、一滴でもいわゆる「黒人」の血の混じった人間はどんなに比率が低くても、また、どんなに外見がいわゆる「白人」と同じでも、「黒人」の血が混じっている、という理由で、「黒人」として扱われました。

でも、もし、同じ人間が誰もその人の家系のことを知らない土地に行けば、その外見から「白人」として扱われるのです。「黒人」と「白人」の区別は、適当なんですね。

混血児はしばしば、父母の属していたどちらの集団にも、受け入れを拒否されたり、受け入れてもらっても制限付きになります。特に、敵対する集団の間の結婚から生まれた場合、混血児は、父の集団、母の集団どちらからも、敵の血を持っているという理由で、まともな「人間」すなわち仲間扱いを受けません。

当然ですが、混血児も、私たちと同じ人間であることを否定する親御さんはいないでしょう。私の知人や子どもの友達にも、混血の方がたくさんいます。

しかも、国際化の進む現在、その数は、どんどん増えていくことが予想されます。もしかすると、皆さんの子どもさんも、将来、国際結婚をするかも知れません。

ところが、既存の多くの「国家」や「民族」という集団は、現実に人間として生きている彼らにきちんとした居場所を与えてくれないのです。彼らのような立場の人間も多数いることを十分に認識し、「愛国心」や「民族のアイデンティティー」ということばを無批判に、排他的に用いることは避けなければなりません。

バーチャル・リアリティーは、現実に生きている人間を助けるためにあるべきです。その内容は、現実とずれていないかどうか、常に検証することが必要です。

私たちは、自分の意思にかかわらず、ある「宗教」や「国家」や「民族」の中に生まれ落ちます。そして普通、その集団の考え方や行動の仕方を教え込まれます。こうすることで、安定した社会を作り、維持することができます。

小さい子どもの頃から、そのように過ごせば、当然、ある「宗教」や「国家」や「民族」に対して、強烈な親しみと、仲間であるという気持ちを抱くようになります。だから、自分と自分の属する集団の間に、何か特別なつながりがある、と思うのは無理もないのです。

でも、考えてみてください。もし、小さいときに、何かの事情で、本人も知らない間に、別の「宗教」や「国家」や「民族」の家族に引き取られ、そのことを知らずに大きくなったら、その子どもは、自分が生まれた集団ではなく、自分が育った集団に強烈な親しみと、仲間であるという気持ちを抱くようになるのです。

米国では以前、病院で赤ちゃんが取り違えられ、本人も家族も知らないままに育ち、ずいぶんと後になってそのことがわかった事件がニュースになりました。当然ですが、彼らが親として愛情を抱いていたのは、生物学的な親ではなくて、育ての親でした。いろいろな議論の末、彼らはそれぞれそのまま、育ての親のもとに留まることになりました。

結局、「愛国心」や「民族のアイデンティティー」は、何に出会って一緒に育ったか、で決まるのですね。生まれつき決まっていて、変えてはいけない絶対的なもの、という風に思い込んだり、強制したりしないように気をつけたいものです。

変化する仲間

直接の出会いに基づく仲間、たとえば家族や親しい友人に対する気持ちは、滅多なことでは変わりません。

これに対して、バーチャルな出会いに基づく仲間に対する気持ちは、変化に富みます。たとえば、戦争で国家が存亡の危機になると、それまで国家という枠組みに何の関心を持たなかった人々まで急に愛国的になります。

国対抗のスポーツは、人々をとても愛国的にします。仲の悪い国どうしのサッカーの試合は、しばしば暴動に発展します。相手の国の大災害を喜ぶなどという、到底正気の人間では考えられないようなことも平気でします。

その一方で、同じ国どうしの中でいがみ合い、敵対していた地域の人々が、オリンピックやワールドカップで国代表のスポーツチームを応援するときは、敵対心を忘れて、仲間の気持ちを互いに抱くようになります。同じ人々が国対抗のスポーツイベントが終わって、地域対抗スポーツの応援になると、再び敵意を覚えるようになります。

また、資源の量の変化は、仲間の範囲を大きく変えます。たとえば、食べ物の奪い合いは歴史上数々の戦争を引き起こしてきました。食べ物が次第に不足していく状況を考えると、仲間の範囲もそれに従って縮んでいきます。

国家のレベルで考えてみると、食べ物が豊富にある状況では、人類全体を仲間と考えることも可能で、他の国が困っている場合に同情し、援助をしようとします。

食べ物が少し不足してくると、仲間の範囲は、関係の深い同盟国（宗教が同じとか、民族が同じとか）に限られてきます。さらに不足してきて自分の国民を食べさせるのがやっとになると、他国に対しては無関心になるか、あるいは敵対視するようになります。さらに食べ物が不足して国内のすべての人間を食べさせるのが困難な状態では、国より狭い範囲（地域とか、派閥とか）の仲間の集団が台頭してきます。

食べ物が極度に不足した状態では、人々は、普通、家族や親しい友人などの直接の顔見知りの仲間のことのみを考えるようになります。

ですから、基本的な資源を人々のために確保できない国家は崩壊の危機に瀕することになります。

このように、バーチャルな出会いに基づく、仲間であるという気持ちはとても変わりやすく、相対的です。絶対の仲間は、絶対の敵同様、存在しないといってよいでしょう。

現在、世界各地で数多くの地域紛争があります。考えたくないことでありますが、今、彗星が衝突しそうになる、あるいは狂暴な宇宙人が襲来するなどして地球全体が危機に陥ったとすると、地域紛争で争っている人々も、人類全体を仲間と思うようになるはずです。実際に、環境汚染や地球温暖化等の全地球的な問題は、ゆっくりですが同じような効果を示しています。共通の敵の出現が、バーチャルな出会いに基づく仲間の範囲を変えるのですね。

共通の掟と個別の掟

「汝殺すなかれ」に「仲間」を補った、「仲間を殺してはいけない」という決まりは、あらゆる社会に共通の変化しない掟の一つであると先ほど述べました。これで、道徳の姿の一部が、はっきりと浮かび上がってきました。

道徳の決まりの代表として取り上げてたモーセの十戒の中には、同じように「仲間」ということばを補うことで、あらゆる社会に共通の、変化しない掟に代わる決まりがあります。「仲間から盗んではいけない」「仲間をだましてはいけない」などがそうです。

双子たちにこれらの決まりについて、どう思うか聞いてみましょう。

「仲間を殺してはいけない、仲間から盗んではいけない、仲間をだましてはいけない、という決まりはどう思う?」

「守るのは当たり前だよ」

「うん、うん」

「守らないと一緒には暮らせないよ」

「友達にもなれない」

すんなりと、守らねばならないと感じるようです。

でも、ここまであまり触れてこなかったのですが、もう一つ解決しなければいけないことがあります。

モーセの十戒には、「自分を唯一の神として崇拝しなさい」「偶像を作ってはいけない」「安息日を守りなさい」というような、少し毛色の違う決まりも入っていて、これらは、仲間ということばを補っても、あらゆる社会に共通の掟にはなりません。

双子たちに、これらの決まりについてどう思うか聞いてみましょう。

「どうして一つの神様だけじゃないといけないの? 仏様はだめなの? なんで像を作っ

ちゃだめなの？」

「うーん、よくわらない」

「べつにそうでなくてもいいんじゃない」

先ほどの決まりとは違い、すんなりとは受け入れられないようです。

モーセの十戒は、まるで、異なる二種類の掟をつなぎ合わせたかのようです。ただ、別系統の決まりを、集めただけなのでしょうか。

いいえ、そうではなくて、理系のお父さんは、このような異なる種類の掟が共存する中に、道徳の本当の姿が隠れていると考えています。

道徳の本音

これら二通りの掟は、とてもかけ離れた決まりのようですが、実は、まとめて一つの文で表現することができるのです。

それは、「仲間らしくしなさい」という掟です。これこそが、理系のお父さんが考える道徳の本当の姿の表現です。

「仲間らしくしなさい」という掟は、二つの要素から成り立っています。「仲間らしくしなさい」の第一の要素は、「仲間に危害を加えない」ことを意味します。十戒の中では、「仲間を殺してはいけない」に代表される決まりが、この第一の意味です。

この要素はとてもわかりやすいと思います。社会を成り立たせるためには、構成員が手分けして助け合うことが必要ですが、このためには、「仲間に危害を加えない」という決まりが、最低限守られる必要があります。このことに、誰も異論はないと思います。

ですので、第一の意味に基づく決まりは、仲間の範囲が変わっても、変わることがないのです。つまり、「変わることのない、仲間らしさの基準」と言えると思います。

「仲間らしくしなさい」の第二の要素は、「仲間と同じように考え、行動する」を意味します。十戒の中では、「自分を唯一の神として崇拝しなさい」に代表される決まりが、この第二の意味です。

関連することとして、旧約聖書の他の部分では、神をいつ祭るか、捧げものはどのように準備するか、祭壇や神殿はどのように作るか、など儀式の方法について細かく規定しています。さらには、けがれたものとそうではないものの区別を詳細に述べ、食べ物でもど

郵便はがき

切手をお貼りください

170-8457

東京都豊島区南大塚
2-29-7
KKベストセラーズ
書籍編集部行

おところ 〒

TEL ( )

(フリガナ) おなまえ	年齢 歳 性別 男・女

ご職業

会社員（事務系、技術系）	学生（小、中、高、大、その他）
公務員（事務系、技術系）	自営（商、工、農、漁、医、その他）
教　職（小、中、高、大、その他）	自由業（ ）
無　職（主婦、家事、その他）	その他（ ）

ご勤務先または学校名

愛読者カード

このハガキにご記入頂きました個人情報は、今後の新刊企画・読者サービスの参考、ならびに弊社からの各種ご案内に利用させて頂きます。

● 本書の書名

● お買い求めの動機をお聞かせください。

1. 著者が好きだから　2. タイトルに惹かれて　3. 内容がおもしろそうだから
4. 装丁がよかったから　5. 友人、知人にすすめられて　6. 他の本の広告で見て
7. 新聞広告（朝、読、毎、日経、産経、他）　8. その他（　　　　　　　　　　）

● 定期的にお読みになっている雑誌名をお聞かせください。

（　　　　　　　　　　　　　　　　　　　　　　　）

● 月何冊くらい本を読みますか。

（　　　　　冊）

● 本書をお求めになった書店名をお聞かせください。

（　　　　　　　　　　　　　　　）

● 最近読んでおもしろかった本は何ですか。

（　　　　　　　　　　　　　　　　　　　　　　　）

● お好きな作家をお聞かせください。

（　　　　　　　　　　　　　　　　　　　　　　　）

● お読みになりたい著者、テーマなどをお聞かせください。

● 本書についてご意見、ご感想をお聞かせください。

道徳の本音
＝
「仲間らしくしなさい」という掟

二つの要素から成り立つ

1.「仲間に危害を加えない」
仲間の範囲が変わっても内容は不変（絶対的）

2.「仲間と同じように考え、行動する」
仲間の範囲とともに内容も変化（相対的）

後者の決まりを絶対的なものと誤解すると
自民族中心主義が生まれる

表：道徳の基本原理

のような物を食べていいかいけないか、産後のけがれを除くのにはどうしたらよいかなどについて述べています。

これらは要するに、考え方や行動の仕方の標準化マニュアルだと思います。ある基準を定め、仲間の中での考えや行動の様式を統一しようとしているのです。このような標準化が、バーチャルな出会いに基づいて、仲間であるという気持ちを強化するのに有効であることを、先ほど述べました。

第二の決まりの内容は、宗教や国家や民族ごとに異なります。つまり、仲間の範囲とともに変わる「変化する、仲間らしさの基準」だと言えます。

そうなんです。人間の道徳には、もともと、人間に共通で変化しない側面と、仲間の範囲とともに変化する側面が同居しているのです。

過去の哲学者たちの「人間には理想の道徳がある」という考え方と、「道徳は個人個人が決めるもの」という考え方が両者とも不十分なのは、一つの側面のみを捉えて、全体と考えたところにあるのです。

本当の姿が見えにくくなっていますが、「仲間らしくしなさい」という決まりこそが、道徳が本当に言おうとしている内容、道徳の本音であると思います。

これで、理系のお父さんとしては、人間の道徳の現実をある程度きちんと説明することができたと考えます。このことを踏まえて、やっと、道徳が抱える問題点と、将来に向けた方針について議論することができる素地ができた、と思います。

双子たちに聞いてみましょう。

「『人を殺してはいけない』という決まりが、戦争や死刑ではうまく説明できなくて困っていたよね。でも、この決まりの本当の意味は、『仲間を殺してはいけない』だったんだ。

これだったら、戦争で敵を殺したり、悪人を死刑にするのを社会が許すことは、きちんと説明できるよ」

「そうか」

「ふーん」

少し難しい内容だったようです。

「しかも、道徳の大もとの決まりもわかったんだ。それは、『仲間らしくしなさい』だよ」

「ふーん。でもなんだか、ずいぶん簡単で当たり前みたいだけれど」

鋭い指摘です。確かに字面は地味です。

「でもね、よーく考えて、調べてみると、『仲間らしくしなさい』というのは『仲間に危害を加えない』ということと、『仲間と同じように考え、行動する』という二つの意味をもっているんだよ。たとえば友達の間でも、『仲間に危害を加えない』は当然だよね」

「うん、もちろんだよ」

「うん、当たり前だよ」

「でも、それだけじゃなくて、『仲間と同じように考え、行動する』という意味も持っているんだよ。たとえば、スポーツや勉強のチームを作ったときに、仲間の考えや行動がぴったり合っている方が強いよね」

「あ、たしかにそう」

「わかる、わかる」

経験があるので、このたとえは、わかりやすかったようです。

「だから、『仲間と同じように考え、行動する』とそのグループは強くなるんだね。だから、こういう決まりもできたんだと思うよ」

ここで双子が言います。

「でもね、みんなの意見も聞かないで、いじめっ子が無理矢理、自分のやり方に合わせようとするのはいやだな」

「それはダメ」

これも鋭い指摘です。実は、『仲間と同じように考え、行動する』という決まりは、後ほど述べますが、暴走すると、とんでもない問題を引き起こします。

道徳が抱える問題点と、将来に向けた改善策について議論する前に、理系のお父さんとしては、もう一つ考えてみたいことがあります。それは、「道徳は、動物にもあるのか?」という問いです。他の動物と人間を比較することで、人間の特徴が何か明らかになるかも知れません。

双子は、大の動物好きですので、これにはきっと乗ってくるはずです。

「お父さんは、ここで、他の動物も善悪の区別できるのかどうか、調べてみたいと思うんだけれど」

「動物⁉」

「動物に善悪の区別ができるかなあ?」

「でも、そういえば犬はときどき……」

「ミーアキャットは……」

双子は、前のめりになって、目を輝かせます。

「動物に善悪の区別をする能力があるかどうか調べて、それを人間の能力と比べてみたいんだ。一緒に調べてみる?」

「やるやる！」

「一緒に研究させて！」

動物ものは、いつでも期待を裏切りません。

第四章

［応用展開1］

道徳は動物にもあるのか

前章で、道徳は本来、「仲間の範囲が変わっても変わることのない決まり」と、「仲間の範囲とともに変わる決まり」の二つの側面を持っていることを明らかにしました。過去の道徳思想は、この二面性を十分理解せず、一面のみを抽出してモデル化したために、現実を十分に説明できなかったのでした。

この章では、道徳の起源に迫ります。人間と他の動物を比較することで、本当の意味での道徳は人間にしかないこと、その基礎に、人間だけがバーチャルな出会いを通じて作る集団があることを明らかにします。

道徳は人間だけのものか

「仲間らしくしなさい」という道徳は、他の生物にもあるのでしょうか。

どのような生物でも、自分が生き残るという観点から利害を区別する能力はあるように見えます。たとえば、一つの細胞からできているゾウリムシは、体の表面でえさになるものと、有害なものとを区別し、繊毛を使って、前者には近づき、後者からは遠ざかります。たくさんの細胞が集まってできた軟体動物のウミウシや実験動物としてよく用いられる節足動物のショウジョウバエも、えさと有害な物質を区別することができます。

彼らの利害を区別する能力は、善悪を区別する能力に少し似ています。でも、二つの間には、大きな違いがあります。

利害の区別は、外の世界が自分にしたことが、自分にとって善いのか悪いのかに注目しています。前に紹介した、韓非子やマキャヴェッリの考え方に似ていますね。

これに対して道徳は、自分がすることが同じ社会に属する仲間に対して、善いのか悪いのかに注目しています。「思いやり」のような感覚ですね。

「思いやり」と私たちが感じられるような行動は、他の動物たちに見られるでしょうか。

双子たちに聞いてみましょう。

「君たちから見て、思いやりがあるなって感じる動物はいる？」

動物好きの彼らですから、喜んで考えます。少し、動物好きしか知らないオタッキーな内容もあるので、随時、注釈を付けました。

「ザリガニのお母さん」

（注：ザリガニは、子どもを大事に育てます）

「囚人魚（南洋に生息する珍魚）の親子」

（注：囚人魚は、親が子どもを守るだけでなく、子どもたちが、親にえさを運びます）

「ペンギンの親子」

（注：これはわかりやすいかと思います）

「ハイエナの家族」

（注：親だけでなく、親戚が子育てを手伝います）

「ミーアキャットの家族」

（注：これも親だけでなく、親戚が子育てを手伝います）

「レンカクのお父さん」
（注：この鳥はハスの葉の上で子育てをしますが、子どもを自分の羽の下にいれて、移動したり守ったりします）

いくらでも出てくるので、ここら辺りで止めておきます。

これらを見ると、「思いやり」を感じるのは、片親だけの場合も含めて、家族の間の、特に子育てに関する行動が多いようです。

家族に対する慈しみは、たしかに「仲間らしくしなさい」という道徳の一部に含まれると思います。ただし、仲間の範囲は、家族だけです。

こんなほほえましい親子の愛情を見せる彼らですが、仲間の範囲の外では、殺し合いを含めたとても残酷なことをするのに注意してください。子育てには参加しないレンカクのお母さんが、自分の子ども以外のヒナにどんなことをするか、知ったら皆さんがっかりすると思います。

でも、人間の道徳は家族にとどまらず、宗教・国家・民族のように、圧倒的に多数の赤の他人を仲間として含んでいます。

「数が多いのだったら、ヌーの群れは大きいよ」と動物オタクの双子は言います。確かに、ヌーは、百万頭になるような多数の他人を含む集団を作ります。

ですが、人間の社会では個体どうしがコミュニケーションをとりながら、助け合い（協力）、手分けをして仕事を分担（分業）しています。

ただ単に、たくさんの個体が集まっているだけでは、普通社会とは言いません。イワシの大群やイナゴの大群は、社会とは呼びません。

ヌーの群れも、ゆるい連帯であって、敵に襲われたときなどに他人どうしでも若干助け合いますが、主な仲間の範囲は、家族にとどまっていると思います。

ライオンやオオカミやハリスホークは、群れをつくって狩りをするときに、役割を分担して協力をします。このような群れも社会の一種だと思いますが、範囲は家族か顔見知りにとどまっています。

アリやハチの社会

巨大で、高度な社会をつくる動物としては、アリやハチがとても有名です。百万匹を超える個体が互いに分業し、協力して、コロニーとよばれる精妙な社会を構成する姿は、本当に見事です。

ある意味、人間の社会よりもずっと秩序だっています。人間は彼らのまねをすべきだ、という人さえいます。彼らの統制のとれた集団行動を見ると、圧倒的に多数の他人を仲間として含んでいて、人間と同じ道徳があるのではないか、と思ってしまいます。

彼らの社会は、本当に、宗教や国家や民族のような社会なのでしょうか。

実は、彼らは、独特の生殖の方法を使っていて、同じコロニーに属する構成員どうしは、遺伝的にとても近い関係にあります。しかも、コロニーの中で、子孫を残す能力を持つのは、一部の構成員に限られています。

これは丁度、人間の体の中で、ある細胞は肝臓になって代謝を担当し、ある細胞は筋肉になって運動を担当し、という風に分担して、自分のクローン(同じ遺伝情報を持つ細胞)である生殖細胞を支えるのに似ています。

つまり、アリやハチの場合、むしろ一匹一匹を細胞と考え、コロニー全体を一つの個体と考えるべきなのです。アリやハチが外敵の侵入に対して、自らの命を犠牲にして戦うのは、人間の体に侵入してきた病原菌に対して、免疫細胞が捨て身で戦いを挑むのに等しいのです。大きな機械の部品の一つと考えてもいいですね。

結局のところ、多数の他人と思ったのは、実は、家族の一種だったのです。仲間の範囲も、家族だけということになり、人間の宗教や国家や民族のような巨大社会とは、その成り立ちが全く違います。

チンパンジーやゴリラの社会

人間に系統的に近いゴリラやチンパンジーでは、どうでしょうか。彼らのさまざまな能力は、人間にとても近く、人間の感覚からみて、すんなりと感情移入できるような、ときに人間以上と思えるような行動をとります。

天才チンパンジーのテレビ番組などを子どもたちと観ると、演出はあるとは思いますが、確かに、彼らには、思いやりや優しさなどの、人間に近い気持ちの動きがあると感じられます。

少し感情移入しすぎかもしれませんが、「仲間らしくしなさい」という道徳をきちんと理解して守っているように見えます。

双子に聞いてみましょう。

「パン君（注：天才チンパンジーです）は、善悪の区別はわかってると思う？」

先日、パン君に実際に会った彼らは即座に言います。

「わかっていると思う」

「とっても優しくて、いい子だもん」

では、彼らには人間と同じ道徳があると言えるのでしょうか。自然の状態で彼らがつくる群れは、家族を基本にしていて、人間の巨大集団とは大きさが比べものになりません。仲間の範囲は家族か顔見知りどまりです。

人間社会の特徴

これに対して、人間の社会はどうでしょうか。もちろん他の動物のように、家族や顔見知りを中心とした小さな社会は存在しますし、重要な役割を果たしています。私たちの生活で、一番大事なコアの部分ですね。

でも、人間だけに見られる宗教や国家や民族といった巨大社会において、その大部分は血のつながりのない人たち、すなわち赤の他人から成り立っています。

しかも、その多くはこれまで出会ったことがないし、これから出会うこともない人たちなのです。他の動物たちの社会の多くが、基本的には顔見知りでできているのと大きな違いです。

これらをまとめて、「これまで出会ったことがないし、これから出会うこともない赤の他人と、仲間になって、社会を作るのは、人間だけだ」と、理系のお父さんは考えます。

どうか、親御さんの皆さんは、これに反する例がないかどうか探してみていただければと思います。双子と一緒に、たくさんの動物番組や図鑑、本などを調べてみたのですが、この考えを覆すような例は、これまで見つかりませんでした。

探すときの注意点ですが、「構成員は本当に血縁者ではないか（アリやハチなどのように見かけは他人のようでも、実は、近い親戚などということがままあります）」「出会ったことがないだけでなく、これから出会うこともないものも、仲間になれるか（一切、顔見知りにならずにそのまま仲間になるということです）」の両方をしっかり確かめていただければと思います。

ですので、人間の道徳の本音である「仲間らしくしなさい」という掟の「仲間」には「これまで出会ったことがないし、これから出会うこともない赤の他人」が入っています。これが、他の動物にはない、人間の道徳の最大の特徴であると思います。

人間と他の動物はどこが違うのか

宗教や国家や民族という、人間特有の巨大社会を可能にしたのは、前の章でお話ししたように、宗教の教えや儀式、国家や民族の文化などを通じた「バーチャルな出会い」でした。

チンパンジーやゴリラなどの、きわめて人間に近い能力をもつ動物であっても、決してこのような巨大社会を作れないのは、彼らには、バーチャルな出会いを作り出したり、経験したりする能力がないからだと思います。

これまで、人間と他の動物の比較に関する研究が多数行われ、人間と動物の決定的な差違は何か、人間だけにある能力は何か、ということが真剣に議論されてきました。

たとえば、知能の比較は最も盛んに行われています。その結果からわかってきたのは、特に賢いとされている動物である、類人猿、イルカ、カラスなどの知能は、人間の知能との間に断絶はなく、連続的なようです。ただし、彼らが到達できるのは、せいぜい幼児レベルです。

道具を使う能力に関しては、長い間、人間だけの能力とされてきたようですが、サルやカラスや魚などの動物で、簡単ながら道具の使用が報告されて、その主張は崩れています。

感情に関しては、多くの動物で、人間と全く同じかどうかはわからないにしても、人間に匹敵するような怒りや喜びや悲しみの気持ちを持つことがだんだんわかってきています。

意識の比較でも同様です。人間との間に、決定的な差は見つかっていません。チンパンジーは、罪や恥の意識を持っているようですし、象には死に対する意識があるようです。

これまでの比較からは、人間と動物の間の能力の違いに決定的なものはなさそうです。差はあっても、質的ではなくて量的なもののようです。

理系のお父さんとしては、人間と動物の決定的な差を見つけるためには、人間に関わる

人間と他の動物との決定的違い

これまで出会ったことも、これから出会うこともない赤の他人と仲間になって、社会を作ることができる

表：人間固有の能力

ことで、人間だけに見られる現象から出発するのがよいのでは、と思っています。

そういう意味で、「バーチャルな出会い」は、人間だけが作り出したり、経験したりできるようですので、人間と動物の決定的な違いを探る、いい出発点になると考えます。

では、バーチャルな出会いを可能にしている人間の能力は、何なのでしょうか。

教え・儀式・文化

多くの宗教において、教祖は遙か昔にこの世を去っていて、信者と教祖は実際に出会ったことはありませんし、これから出会うこともありません。また、普通は血のつながりの

ない赤の他人です。

ところが信者は教祖の教えを学び、儀式を実践することで、彼の考え方や行動の仕方を知り、苦難をバーチャルに追体験するうちに、強力な親しみとそれに基づく仲間の気持ちを抱くようになります。その気持ちは、同じ教祖を慕う信者にも向けられます。バーチャルな出会いの力により、信者にとって、教祖は古くから直接顔を見知っている教師や親のような存在になり、他の信者は、古くから直接顔を見知っている友達や兄弟のような存在になるのだと思います。

宗教の教えや儀式は時間や空間を超えて、口伝えや書物で伝えられてきたものです。どちらにも、ことばが必要であることがわかります。

国家や民族の文化はどうでしょうか。ニホンザルやチンパンジーにも「文化」があるという報告があるので、これを調べてみましょう。

チンパンジーでは、棒を使ってシロアリを釣る行動が、ある地域のグループだけに見られ、この行動がまねされて伝わっていく様子が、報告されています。

ニホンザルでも、食べる前に芋を洗う行動が、あるサルによって創始され、グループの中でまねされて伝わっていくことが報告されています。

　このようなチンパンジーとニホンザルの「文化」は、人間に似ているというので、ずいぶんと話題になり、もてはやされました。

　でも、彼らの「文化」は、一見、人間の文化に似ていますが、決定的な違いがあると、理系のお父さんは考えます。

　チンパンジーとニホンザルの例では、シロアリ釣りや芋洗いという行動は、家族を中心とする、顔見知りのサルの間でまねされて伝えられています。彼らは、バーチャルな出会いを作り出したり、経験することができないので、顔見知りでないサルに、飛び越えて直接伝わることはありません。

　これに対して、人間の文化は、出会ったこともないし、これから出会うこともない、時間や空間を隔てた、赤の他人に、バーチャルな出会いを通して、まねされて伝わります。

　ここでこんな反論をする方がいるかもしれません。

「サルの文化だって、時間が経てば、結果的に、時間や空間を隔てたサルに伝わって行くのではないか。たとえば、数十年前に始まった、ある行動が、何世代もまねされて伝わっていくうちに、それを創始したサルからは、ほぼ赤の他人の別のサルまで伝わっていくので、結果的には、人間の文化と同じではないの？」

もっともなご意見ですが、大きく見落としている点があります。

サルの文化が伝わっていくのは、顔見知りの間で伝わっていくことの積み重ねであって、人間の文化が伝わる際に見られる飛躍がありません。

どんなに古い文化であっても、サルの立場からすると、自分の親や友達をまねしたと思うだけで、たとえば二十世代前の偉大な天才ザルが創始者であったことなど知るよしもないのです。

これでは、二十世代前の創始者ザルと、現代のサルの間には、何の気持ちのつながりも生まれません。人間の文化の意味で、本当に時間と空間を超えて伝わったとは言えないと思います。

このような大きな差が生まれるのは、サルたちは時間や空間を隔てた第三者に関する情報を伝えることができないからです。そのために、彼らにとっては、自分が実際に出会ったり経験したことのみがこの世に存在し、そうでないことは、二十世代前の創始者ザルの例のように、この世に存在しないのと同じということになります。

サルたちに、宗教や文化を本当に理解する能力はないのです。人間の場合、時間や空間を隔てた第三者に関する情報も、口伝えや書物で伝えられますので、やはり、ことばが重要なようです。


双子に、彼らの遠いご先祖様の話をしてみましょう。

「君たちのご先祖様に、とても偉い学者がいたんだよ」

「ご先祖様って、どれくらい前？」

「500年くらい前の、ひいひいひいひいひいひい……おじいちゃんだよ」

「へーえ」

「学者か」

「何の研究をしていたの？」

このくらい前の先祖になると、遺伝的にはほとんど赤の他人ですが、双子の心の中には、このご先祖様とのつながりが生まれたはずです。何かの励みになるといいのですが。

人間のことばの特徴

人間のことばは、本当にそんなに特別なのでしょうか。

生物を見渡しますと、コミュニケーションにはさまざまな方法があります。音に限らず、化学物質を使うもの、電気を使うもの、色や模様を使うものなど、実にいろいろあります。他の動物のコミュニケーションの方法と比べますと、人間のことばは、きわだって複雑で、しかも効率のよい方法です。情報の量だけみれば、人間のことばは、他の動物のコミュニケーションをはるかに凌いでいます。

でも、それだけだったら、量的な違いなので、バーチャルな出会いのような質的な違いは説明できませんよね。

それに、怒りや喜びや悲しみなどの気持ちを伝えることに関しては、他の動物は、決して人間に劣っていないと思います。

幼いころから人間に育てられ、手話を教え込まれたゴリラの「ココ」の記録映像を見たことのある方もいるかと思いますが、その感情表現は実に細やかで、彼女が、人間に勝るとも劣らない複雑な内面を持っていることをうかがわせました。

双子にせがまれて、シートン動物記を全部読み聞かせましたが、彼が生き生きと描く動物たちの姿は、もちろん脚色も入っているのでしょうが、そのまま人間にしてもおかしくないくらい、感情豊かでした。

動物が豊かな感情を持っていることは、実際に動物を飼っている方にとっては、自明なことでしょう。

では、一体、何が質的に違うのでしょうか。

時間と空間を隔てた第三者に関する情報を伝えるには、ことばが重要だと言いました。他の動物たちは、このような情報を伝えることができないのでしょうか。

ある場面を考えてみましょう。

ここに、第一、第二の犬がいて仲がよいとします。ここに、第三の犬が来て、かつて第一の犬をいじめたことがあるとします（そのとき、第二の犬は、その場に居合わせませんでした）。第一の犬は、それを覚えていて、第三の犬を見たときに怒りのうなり声を発したとしましょう。

第一の犬のしぐさを見、声を聞くことで、第二の犬は、第三の犬には会ったことがないし、直接恨みもありませんが、仲よしの第一の犬にとって、敵であると知り、同じように敵意を見せたとします。

これは、第一の犬から、第二の犬への、第三の犬に関する、本当の意味での情報の伝達と言えるでしょうか。

もし、第三の犬が、第一、第二の犬の前にいなければ、第一の犬が、過去の恨みを思い出して、怒りの声を発したとしても、それは、第二の犬には、第一の犬が怒っているとしか伝わりません。本人がいなければ、第三の犬に関する情報は、全く伝わらないのです。

つまり、第二の犬は、第一の犬の気持ちの表現と、そこにいる第三の犬とを結びつけただけであって、第三の犬に関する、純粋な情報を受け取ったわけではないのです。

このようなコミュニケーションの方法では、伝え手は、自分の気持ちの表現を通して、その場にあるものに関する間接的な情報だけ、受け手に伝えることができます。

ことばを持たない動物たちは、時間と空間を隔てた第三者に関する情報を、受け手に伝えることはできないのです。

ミツバチのダンス

生物が好きな親御さんだったら、こう反論するかもしれません。

「えさを見つけたミツバチは、巣に帰ると一種のダンスを踊り、同じコロニーの仲間にえさのありかについての情報を伝えるけれど、これは、時間と空間を隔てた第三者についての情報ではないの？」

もっともな反論ですが、大きな見落としがあります。

確かに、伝わったのは時間と空間を隔てた第三者に関しての情報なのですが、先ほど述べた通りハチのコロニーは遺伝的に近い親類で構成されているので、一匹一匹のハチを細胞と考え、全体を一つの個体と考えるべきだと思います。いわば、個体の中での細胞の間の情報の伝達です。このような情報の伝達は、あらかじめ遺伝子にプログラムされているのです。

これに対して、人間のことばは初めから備わっているものではなくて、社会の中で学んでいくものです。そして、伝える相手の中には、血のつながりのない赤の他人を含んでいます。

ミツバチの社会を遺伝的な構成の全く異なる人間の社会と直接比べると、間違った結論に陥ります。むしろ、人間の体の細胞社会と比べることが適切なのですね。

情報の内容だけでなくて、「誰に情報を伝えているのか？ 血のつながりのない赤の他人も含んでいるのか？」が、とても重要なポイントだと思います。

もっと生物学をよく知っている親御さんであれば、「ベルベットモンキーやニワトリが、近寄ってきた敵の種類によって鳴き分けるのはどうなの？」とおっしゃるかもしれません。

これはかなりオタクな質問です。

でも、この場合、第三者である敵は、今、すぐそばにいるので、「時間と空間を隔てた」とは残念ながら言えません。伝わる内容も非常に限られていますね。

ことばは概念をつくる

なぜ、人間のことばだけが、時間と空間を隔てた第三者の情報を自在に受け手に伝えることができるのでしょうか。

人間のことばの特徴は、境界線のない現実に一定の線を引いて概念をつくり、それに、そのときの気持ちとは関係のないある音を対応させています。

ことばと現実を照らし合わせて比較すると、ことばがある程度適当に引かれた境界線であるということがよくわかります。「当たり前」と思っていることばも、その辺縁を考えると概念はあいまいです。

日本語の例で言うと、たとえば「山」ということばは、そびえたつ山塊を見れば、それが山であることは当たり前と思うでしょう。でも、規模や高さがだんだん小さくなって、「丘」ということばに近づくと、誰も納得のいくように境界線を引くことはできません。

その「丘」も、「平地」ということばに近づくと、境はわからなくなります。

そびえ立つ山塊を見れば、疑いようもないと言いましたが、そのような山でさえ、裾野に目を移すと、どこで山が終わるのかは誰にもわかりません。

もともと、自然界には、どこから丘で、どこから山か、などという区別はありません。「山」ということばそのものには実体はなく、社会の中での一種の取り決めであることがわかります。しかも、「山」ということばを言われたときに、個人個人の経験で、そこから頭に思い浮かべる内容は異なります。

たとえば、ヒマラヤに登山したことがある人と、そうでない人とでは、「山」ということばが意味するものは相当違っているはずです。海底火山を研究している人と、そうでない人とでは、やはり「山」ということばの意味は大きく異なるでしょう。山のない国で育った人は、絵とか写真だけで「山」ということばを理解しているので、これも相当、他の人とは異なっているでしょう。

「山」ということばの定義は、おおむね「周囲より際立って盛り上がった土地」です。この定義は、代表的な「山」を見れば疑いようもないですが、その定義の辺縁にいくとかなりあやしくなります。

でも、重要なのは、このようなあいまいさと幅を残しつつ、「山」ということばによってある種の地形的な特徴が概念化され、それが社会の中で共有されていて、情報として伝えることができることです。

ブリは出世魚として日本で有名で、成長するに従って、別の名前を与えています。ブリに別の名前を与えるのは、特にこの魚に親しんだ人たちがそこに明確な違いがあると感じ、別の名前に値すると思ったからでしょう。そう感じなければ、英語のように一つの名前しか与えられないのです。

また、同じ国の中であっても、漁師さんたちは魚に関して、より細かい区別をします。同様に、画家たちは一般の人たちよりも、細かい色の区別をします。

これらの例からわかるように、対象そのものがことばを決めるのではなく、人々が対象との関係を基にして、概念を見つけると、ことばが生まれるようですね。


双子に一つ聞いてみましょう。

「『石』と『岩』の違いってなあに?」

簡単だよ、という感じで彼らは答えます。

「石は小さくて、岩は大きい」

「小さいってどのくらい」

双子は、手に握るくらいの大きさを示します。

「このくらい」

「大きいってどのくらい」

双子は、両手に抱えきれないくらいの大きさを示します。

「これくらい」

「じゃあ、このくらいのは、石それとも岩」

私は、中間くらいの大きさを手で表現しました。

「石かな」

「岩かも」

双子の意見が割れました。

「手で動かせたら石で、動かせなかったら岩だよ」

なるほど、考えましたね。

「じゃあ、お父さんが動かせて、君たちに動かせないものは、石なの岩なのどっち」

「それは、お父さんにとっては石で、僕たちにとっては岩」

落語みたいになってきました。

第五章

［応用展開2］道徳とことばの関係性

この章では、人間特有の集団と道徳が生まれる根源に、バーチャルな出会いを作り出すことばの特別な作用があることを明らかにします。

ことばのあいまいさ

私たちは、日常の生活で使っていることばについて、

「とても明確で、疑問の余地のないもの」

「当たり前のもの」

と感じています。そこから逆に、ことばが表している現実の境界も、明確で疑問の余地がないものと思い込みがちです。

でも、前章で述べましたように、現実には、もともと明確な境界線などないのです。山と丘の区別は何なのか、石と岩の区別は何なのか、ほっぺたはどこからどこまでか、などよく考えてみるとはっきりしません。

「私」のあいまいさ

ここで親御さんから、こんな反論があるかもしれません。

「動物の個体、たとえば人間である『私』には、明確な境界線があるのではないの？」

実はそうではないのです。

デカルトが不動の原理と考えた「私は考える、だから私は存在する」ということばに使われている「私」ですが、境界はあいまいです。

特に、科学と技術の進歩が、「私」ということばに及ぼした影響は、とても大きいと思います。

たとえば、私たちの体の中には、莫大な数の微生物が共生していることが、科学の研究からわかってきました。彼らは、私たちとは大きく異なる種類の生物ですが、免疫や代謝の機能を助けてくれています。

彼らは、私たちと一生涯、切っても切れない関係にありますが、彼らが「私」の一部なのか、そうではないのか、に明確な答えはありません。

私たちの体からは、絶えず細胞がはがれて、周囲に散っています。うがいをすれば、口の中の粘膜細胞がはがれて、水とともに下水に入ります。毛根にも細胞がついていて、毛が抜ければ一緒に地面に落ちます。

ほとんどの人は、「そんなもの、いったん私の体から離れれば、もう一部ではない」と言うでしょう。

でも、科学と技術が進歩して、たった一つの細胞からでも臓器や人間を作ることができるようになったら、日々私たちの体からはがれていく細胞は、「私」の一部として捉えられ、もっと大事にされると思います。

臓器移植の場合も、現在は、限られた臓器の移植が可能ですが、科学と技術が進歩して、もし、体のほとんどを移植できるようになったら、「私」ということばの意味は揺らぎます。特に、自分の元の体の比率が50％を下回ったら、それは、本来の「私」なのか、そうではないのか、という問いに明確な答えはありません。

もちろん、「一番大事なのは脳だから、脳が『私』を決めるのだ」という親御さんもいるでしょう。

では、脳が移植できるようになったらどうでしょう（これはかなり難しそうですが）。脳の半分以上が移植されたら、それは元の「私」なのか、そうではないのか、にはやはり明確な答えはありません。

現在でも、たとえば他人の心臓を移植された人の「私」の意味は、普通の人とは大きく異なり、揺らいでいるはずです。

死・殺人・人のあいまいさ

関連する他のことばはどうでしょうか。

「死」については、「こんなに明確なことばはない」と一般に考えられていると思います。でも、医学の発達により、死が詳細に分析され、「脳死」という概念が導入されるに伴って、その意味するところは大きく変化してきています。

呼吸の停止なのか、心臓の停止なのか、脳機能の停止なのか、どれが、より正しく「死」を表しているか、という問いに、誰も明確には答えられません。

ある人が「死んで」、その臓器が他の人に移植された場合、普通は、臓器を提供した人を「死んで」いると言います。でも、医学がもっと進歩して、脳を含めた体の半分以上を移植したときに、臓器を提供した人は本当に「死んで」いるのでしょうか。逆に、臓器をもらった方の人は、本当に「生きて」いるのでしょうか。

クローン技術が進歩すれば、たとえ個体が今日の普通の意味で「死」んでも、細胞や遺伝情報が残っていれば、個体を複製できる可能性があります。クローン人間は一卵性双生児のようなものですから本人そのものではありませんが、本人の一部とも考えられると思います。

もしこのようになった場合、「細胞や遺伝情報が残っている人は残っていない人よりも『死んだ』度合いが低い」という風に、「死ぬ」程度に区別が設けられ、新たな概念が生まれる可能性があります。

そうなると、「殺人」ということばの意味も変わってきます。今日の意味で「殺人」を犯したとしても、クローンを作るための被害者の細胞や遺伝情報が残っているかどうかで、罪の重さに差が付けられる可能性があります。

このことに関連して、ある人が現在の意味で「死」んで、死体がすでに失われている場合、細胞や遺伝子を含む髪の毛や血液はもしかすると人間の命に準じて扱われるかもしれません。このような髪の毛や血液を故意に破壊したものは、殺人に準じる重い罪を負わされる可能性もあります。

また、クローン人間が同じクローン人間を殺した場合、殺人は殺人ですが、自分と全く同じ遺伝情報を持ちますので、罪を考える際に通常の殺人と自殺の中間くらいに考えたら、と言い出す人も出てくるかもしれません。

もっと想像をたくましくして、他の動物からの臓器移植が進歩してくると、「人」ということばの意味も変わってくるでしょう。

世界中のいろいろな言語において、基本的なことばであっても、詳しく見てみると、概念が完全に一致するものはありません。これは、対象の境界の決め方が、文化によって異なることを示していると思います。現実には明確な境界はなく、社会が、その境界を決めているのです。

言語は、それぞれの文化で人間が世界をどう切り取るかを見せている、つまり、世界観を表したものなのです。異なる言語は、異なる世界観の体系を表していると言えます。

しかも、結構いい加減でありながら、ある幅を持たせた大体の境界が決まっていて、それが社会の中で共有されている、という点が重要です。だからこそ時間と空間を超えて、情報を伝えることができるのです。

音のあいまいさ

ことばの持つ音の方も、私たちはついつい、変わらない決まったもの、と扱いがちですが、実は、とても変わりやすく、あいまいです。

私たちは、物理的な特徴が、ある一定の範囲に落ち着く音を、ひとまとめにして「あ」なら「あ」と分類しています。「あ」と受け取られる音には結構幅があります。これも社会の中の取り決めですね。

範囲の決め方は、異なる言語の間で、さまざまに異なっていて、しかも、同じ言語の中でも、地域により方言のような差があります。鹿児島のことばと、青森のことばは、単語も大きく異なりますが、発音も同じ日本語とは思えないですよね。

また、同じ言語の中でも、範囲は時間とともに変化します。たとえば、古代の日本語には、現代の日本語からは失われた、さまざまな音があったことが、資料から推測されています。

概念と音を結びつける

人間は、このようにしてつくった、ある概念と、気持ちとは関係のないある音とを結びつけることで、ことばを生み出しました。

行動から推測するしかないのですが、ある程度の知能を持つ動物でも、対象の特徴を抽出して、概念にすることはできていると思います。特に、自分の利害という観点からの、対象の概念化と分類は、よく発達しているように見えます。たとえば敵と味方、えさと害になる物、簡単な数などです。

ところが彼らは、概念をつくったとしても、これを他者に直接伝えることができません。伝えることができるのは、怒っているとか、悲しんでいるとか、仲よくしてよとか、嫌いだとか、こっちへ行きたいだとかの、自分の気持ちだけだと思います。それは、彼らには、ある概念と、気持ちとは関係のないある音とを、結びつけることができないからです。

ある概念をある音と結びつけるのは、長い時間をかけてできた社会の中での取り決めです。異なる言語であれば、とても近い親せきの言語でない限り、異なる音の体系を持っていますし、対応する概念に対して、それぞれの言語で、借りたことばでない限りは、全く異なる音が充てられているのが、その証拠です。

ことばは社会性そのもの

このように、ことばにおいては、概念をつくるのも、音の範囲を決めるのも、概念と音を結びつけるのも、全て、社会の中での取り決めです。ことばは、社会を前提にしていて、ことばを使うのは社会活動であると言えると思います。

このことを理解しておかないと、言語に基づく迷信、「四は死に通じる」「九は苦労に通じる」などの餌食になります。単なる偶然の一致に過ぎませんね。

また、ある特定の言語（特に自分のしゃべっている言語）をわけもなく神聖で特別なものと考えたり、外国語を、その違いのゆえに、ばかにしたりすることになります。

もっと極端な例になると、ことばの伝える情報ではなく、ことばそのものの中に宇宙の神秘が隠されていて、ことば自体を操作することで、真理に到達できる、などという迷信に陥ることになります。

言語学における、グリムの法則やグラスマンの法則などの「法則」は、「言語それ自体に、物理現象のような普遍的な法則性があることを示している」と勘違いされやすいのですが、実は、ある特定のグループの言語に関する、社会の中での取り決めの、歴史的な変化を記述したものです。

このようなことばの社会性を考えると、観念論の系統の人たちが考えている「社会と完全に切り離された自由な個人」は、現実ばなれしすぎていると思うのです。

デカルトは、「私は考える、だから私は存在する」と言いましたが、「考える」こと自体が、社会に基礎をおくことばに全面的に頼っています。この影響を十分考慮せず、純粋な個人の中に、人間の道徳や正義の根拠を求め、「道徳は個人個人が決めるもの」とする考え方には、大きな無理があると思います。

「私」ということばの中に、「私」以外の要素がたっぷりと入っていることを認めるならば、その方がずっと面白い考え方の出発点になると思うのですが、皆さんどう思いますか。

ことばは道徳にどう影響するのか

ことばは、ある概念とある音とを結びつけたものだということがわかりましたが、これが、コミュニケーションに、どのような質的な違いをもたらすのでしょうか。

理系のお父さんは、それは「三人称」と「時制」である、と考えます。英文法の復習のような感じになりますが、思い出してみてください。

「三人称」とは、コミュニケーションの上で、第三者が、伝え手と受け手を離れた独立した存在として扱えるようになったことです。

第三者の表し方は、言語によってさまざまであり、ここでは、第三者の区別を伝達するあらゆる方法を含めて、三人称と呼ばせてもらいます。人間のことばは、第三者を区別し、ある音を対応させました。「彼」「○○ちゃん（名前）」「犬」など名詞や代名詞が代表ですね。

三人称がない状態では、伝え手と受け手がコミュニケーションしている場に、第三者がたまたま居合わせたときだけ、伝え手の気持ちの表現を通じて、その情報が間接的に伝わりました。

それが、三人称ができたおかげで、たとえ第三者が空間的、時間的に離れた所にいても、その情報を扱えるようになりました。

「時制」とは、コミュニケーションの上で、現在以外の時間を扱えるようになったことです。

時間の表し方も、言語によってさまざまであり、ここでは、時間の区別を伝達するあらゆる方法を含めて、時制と呼ばせてもらいます。人間のことばは、時間を区別し、ある音を対応させました。「今」「昨日」「明日」などが代表ですね。

時制がない状態では、情報として現在と過去、未来が分離していないので、受け手には、今伝え手が感じていることなのか、過去や未来を想起してのことなのかが区別できません。

前述した三匹の犬の例で言いますと、第三の犬に、第一の犬が過去の事件（第二の犬は、その事件に居合わせていませんでした）を思い出して、怒って吠えかかっているとしても、第二の犬には、「第一の犬が、今第三の犬に怒っている」ことしか伝わりません。過去のいきさつに関する情報は、全く伝わらないのです。

ここで重要なのは、過去や未来が、伝え手自身の中で区別されているかということではなくて、その区別が聞き手に伝えられるかです。

ベルベットモンキーの鳴き声については、もしかすると三人称は使えているかもしれませんが、時制は使えていない可能性が高いと思います。

このように、人間のことばは、ある概念とある音とを結びつけることで、「今」「ここで」感じていることとしか伝えることができなかった動物のコミュニケーションに、時間と空間

人間のことばの特別な力

1.「三人称」

第三者が、伝え手と受け手を離れて独立した存在として扱える

2.「時制」

現在以外の時間が扱える

↓

時間的・空間的に遠く隔たった、今ここにいない第三者に関する情報を伝達・処理できる

表：ことばの特殊性

の座標軸を導入することに成功したのです。

そのために、時間的、空間的に遠く隔たった、今ここにいない第三者に関する情報を伝え、処理することができるようになったのです。

「時間的、空間的に遠く隔たった、今ここにいない第三者」には、すなわち、「これまで出会ったことがないし、これから出会うこともない赤の他人」が含まれます。

人間だけにあるバーチャルな出会いは、人間のことばの、このような特殊な能力から生まれたのです。それで、人間に特有の、宗教や国家や民族という巨大な社会ができたのだと思います。

人間の道徳は「これまで出会ったことがないし、これから出会うこともない赤の他人」の仲間に対しても、「仲間らしくしなさい」と命じているのですが、三人称も時制も使えない動物には、この命令は決して理解できないし、ましてや命令することもできないのです。

双子に聞いてみましょう。

「君たち、ことばがなかったら、どうなると思う?」

「うーん、よくわからない」

「たとえば、ミルクがほしいとき、ことばが使えなかったらどうする?」

「ミルクを自分で持ってきて、ほしいという顔をする」

「冷蔵庫のミルクを指さす」

「それだったら、別に自分で飲めばいいだけだよね。でも、もし、その場に、ミルクがなかったらどうするの?」

「うーん、それはとても困る」

「ほしいということを伝えられないと思う」

今この場にないものを表すことのできる、三人称のことばが大事なことが少しわかったようです。

「もっと、困ることがあるよ。もし、昨日なにか事件があって、それを伝えたいと思うとき、ことばがなかったらどうする？」

「事件の現場に、連れて行って、指さす」

「もし、事件の現場がものすごく遠かったらどうするの？」

「それは困るかも」

「それから、もう事件にかかわるものが消えちゃっていたらどうするの？　たとえば、昨日水をこぼしたことが事件だとしたら、一日たったら、すべて蒸発してしまっているよね。それをどう伝えるの？」

「伝えられない」

さらにたたみかけます。

「今でなくて、一昨日でもなくて、一年前でもなくて、昨日あったできごとだ、というのは、どう伝えるの？　それから、明日おこることかもしれない、というのは、どう伝えるの？」

「……」

「伝えられない」

「わんちゃんとか、おさるさんとか、ことばのできない動物は、今、ここにないもののことや過去にあったこと、未来にあるかもしれないことをきちんと伝えられると思う？」

「できないと思う」

三人称や時制を扱えるのは、人間だけであることが、次第にわかってきたようです。

赤の他人のために自分を犠牲にできるのは人間だけ

ここで他人のために自分を犠牲にする行いについて考えてみましょう。人間の社会で、最も尊敬され、ほめたたえられる行いの一つです。顔見知りでもない赤の他人を助ける行いは、他の動物では普通見られません。

この最も顕著な例が、警察官や消防士による、犯罪や災害に遭った人々への、命を賭けた救助活動です。このとき、通常、助ける側と助けられる側に血縁関係はなく、顔見知りでもありません。

誰でも、他人のために自分を犠牲にして命を落とした人の話を聞くとき、激しい感動と、感謝の気持ちを覚えずにはいられません。本当の意味での英雄的な行いであると思います。

東日本大震災では、悲しいことに多数の命が奪われましたが、多くの英雄的な行いもありました。

放射能汚染された原子力発電所での危険な作業に、自ら志願して赴いて行った、技術者OBたちの行いも、他人のために自分を犠牲にする行いであると思います。

ハチやアリの社会においては、外敵が侵入した際に、労働あるいは戦闘階級の個体が自分の命を捨てて戦いを挑みます。彼らになぜそのようなことが可能なのかと言えば、彼らにおいては、前に説明したようにハチやアリの一匹一匹が細胞に、コロニー全体が一つの個体に相当するからです。

個体どうしは互いに遺伝的にとても近く、他の個体は自分の一部とも言えるわけで、個体の利益と社会の利益がとても近いのです。

これは人間に特有の宗教・国家・民族などの巨大な社会における他人のために自分を犠牲にする行いから見れば、本当の意味で、「他人」のためではありません。むしろ自分のための行いの一種です。

自分と他人の区別に関してよく考えないで、表面上の類似だけから、ハチやアリの社会と人間の社会を比較して「似ている」「ハチやアリの方が、社会としてすごい」などと捉えても、人間の社会の本質に迫ることはなかなか難しいと思います。

これに対して人間に特有の社会では、その基礎は家族や親しい友達にあるものの、大部分は、これまで出会ったこともなく、おそらくこれから出会うこともない赤の他人どうしで構成されています。そのため、いつも、個人と社会の利益が厳しくせめぎあっているのだと思います。

ですから、人間は、赤の他人のために自分を犠牲にするとき、社会から何らかの見返りを求めるでしょう。それはハチやアリの社会における「助ける相手の遺伝的な近さ」以外の何かでなければならないはずです。

もし、赤の他人のために自分を犠牲にする行いの見返りが、社会の中で適切に与えられなければ、見ず知らずの赤の他人どうしからなる人間社会においては、このような行いは、長続きしないでしょう。

それはそうですよね。自分を犠牲にする者は損をするだけで、そうでない自分勝手な（利己的な）な者に、「おひとよし」として利用され滅びてしまうからです。

ですので、人間の社会には、遺伝的な近さに代わって、赤の他人のために自分を犠牲にする行いの見返りを担保する、何らかの機構があるはずだと思います。

ことばに基づく仲間らしさの評価システム

まず明らかなように、充分なコミュニケーションがなければ、人間の社会における協力と分業は、個人にとって極めて危険な行いです。自分の利益を犠牲にして、見ず知らずの赤の他人に協力をしても、それだけでは元々自分の利益は何もないですし、自分が、その見返りに未来に協力してもらえる保証はないのです。そして協力がなければ、当然ですが、分業は意味をなさないのです。

ここでことばが登場します。

見ず知らずの赤の他人の間で協力と分業を可能にするのは、人間のことばを介した過去の行いの情報と、それに基づく仲間らしさの評価システムだと思います。

他人が過去に行ったことは、それを実際に経験した者によって記憶されるだけでなく、三人称と時制を持つことばによって、空間と時間を超えて、実際に経験しなかった者にも伝わり、記憶されます。文字の発達した言語の場合には、さらに、それが記録されることによって、より大きな空間と時間を超えて伝わり、保存されます。

社会において私たちは、この過去の行いの情報に基づいて、まったく見ず知らずの赤の他人についても、仲間らしさを評価することができます。他人のために自分を犠牲にしたものには高い評価を与え、その見返りにほめて優先的に協力します。逆に、自分の利益ばかり優先する者に対しては、低い評価を与え、その報いに無視したり罰したり、あるいは社会から排除したりします。

「評判」や「信用」みたいなものですね。

仲間らしさの評価自体も、ことばによって空間と時間を超えて伝わり、保存されます。

私たちの社会では、この仲間らしさの評価が、遺伝的な近さに代わって、他人のために自分を犠牲にする行いの見返りを担保し、赤の他人同士での協力、分業をもとにした社会の形成を可能にしているのだと思います。

他の動物の仲間らしさの評価システム

もちろん人間以外の動物でも、他の個体の過去の行いは記憶しています。たとえば犬は、かつてかわいがってくれた人間のことは覚えていて、しばらくして再会したときでも好意を示します。逆に、かつて自分をいじめた人間のことも覚えていて、恐れや敵意を示します。これらは、ある程度の記憶力があれば可能なことです。

類人猿になると、その記憶力と行動の仕方は、一見人間とほとんど同じです。第四章で述べた天才チンパンジーのパン君などは、人間以上に人間らしく見えることがあります。ですから、単に他の個体の過去の行いを記憶していることは、人間だけの能力ではないでしょう。

大きな違いは、他の動物では、他の個体の過去の行いに関する記憶は、直接経験したことに限られている点にあります。

人間においても、直接の経験に基づく記憶は疑いなく大きな意義を持ちます。でも、宗教・国家・民族といった人間に特有の巨大な社会において、直接の経験に基づく記憶は比較的小さな役割しか果たしません。なぜなら、構成員のほとんどは互いに直接会ったこともないし、これから会うこともない赤の他人だからです。

ですから、人間に特有の社会には、何か直接の経験の記憶の代わりをするものがあるはずです。

それが、ことばによる他人に関する間接的な情報なのだと思います。

ことばに基づくバーチャルな出会いの役割

人間はことばのおかげで、今ここにいない、見ず知らずの赤の他人の情報を扱うことができます。そのため、各個人は、見ず知らずの赤の他人に関する情報を効率よく集めて、バーチャルな出会いを作り出すことができます。直接の顔見知りの場合でも、さらに情報量を増やすことができます。

この特異な情報の処理能力のおかげで、人間は見ず知らずの赤の他人の仲間らしさを評

ことばに基づくバーチャルな出会いの重要機能

宗教・国家・民族などの人間特有の巨大な社会において、これまで出会ったことも、これから出会うこともない赤の他人の間で、

1.仲間であるという気持ちを作り出す

2.仲間らしさを評価して、協力と分業を促進する

表：バーチャルな出会いの貢献

価することができ、またそれに基づいて見ず知らずの赤の他人と、直接出会うことのないまま協力し、分業することができるのです。

見ず知らずの赤の他人どうしの高度な協力と分業は、人間に特有の宗教・国家・民族といった巨大な社会を形作り、維持していくために欠かせません。

結局、ことばに基づくバーチャルな出会いは、宗教・国家・民族などの人間特有の巨大な社会において、見ず知らずの赤の他人の間で、「仲間であるという気持ちを作り出すこと」と、「仲間らしさを評価して、協力と分業を促進すること」という二つのとても重要な点において、貢献しているわけです。

ことばは、私たちにとって本当に大切です。ことばが、人間の特徴をつくっているのですね。


双子に聞いてみましょう。

「君たちが毎日使っている水道の水は誰がつくってくれているの？」

「水道局の人」

「この前、学校のみんなで、浄水場を見学しに行った」

タイムリーな質問でした。

「その人たちは、君たちの知り合い？」

「全然知らない人」

「知らないおじさんだった」

「どうして、知らないおじさんが、私たちのために水をつくってくれているの？」

「仕事だから」

「お金をもらっているから」

なかなか、冷静で、鋭い答えです。「仕事」は、「社会のなかでの分業」に相当しますね。

「お金」は、「自分を犠牲にしたことに対する社会からの見返り」に相当すると思います。

お金のことはやや複雑なので、この本では詳しくは述べませんが、もし、機会があったら、別の本に書いてみたいと思っています。

「私たちは、普段から、社会の中にいる、全然知らない人たちに助けられているんじゃない？」

「確かに」

「そうかも」

「ちょっと不思議」

私たちが生きる社会について、少し認識が深まったようです。

第六章

私たちはどう生きるべきか

〔シミュレーションと予測〕

ここまで、道徳の基本原理をモデル化し、その起源にことばが大きく関わることを明らかにしてきました。このモデルを踏まえ、この章では、「はじめに」で指摘した今日の道徳が抱える問題点についてシミュレーションし、解決法を提案します。未来に向けて、どう生きるべきかを予測し、子どもたちにわかりやすく伝える一案を示します。

簡単なことばで、わかりやすく説明することの意義

「慣れによる親しみ」と、それによって作られる「仲間であるという気持ち」が、「仲間らしくしなさい」という道徳の本音の基になっていると言いましたが、親御さんの中には、「慣れだの、親しみだの、仲間だの、そんな簡単なことばで道徳を説明されてもありがたい感じがしないし、拍子抜けする」

「高尚な道徳が、そんな簡単に説明できるはずがない。もっと複雑で抽象的なことばを使わないと説明できないはず」

と思われる方も多いでしょう。

ここで再度、生物学の話をさせてください。遺伝子についてご存知ですか。メンデルが、生物の特徴が生殖を通して親から子へ伝わる現象（遺伝）についての法則を発見してからしばらくは、遺伝を担う実体（遺伝子）が何なのかわからなかったものですから、説明はとてもわかりにくいものでした。遺伝する特徴にもいろいろあって、単純にメンデルの法則に従うように見えるものもあれば、そうでない複雑なものもあり、それらの現象を説明の中に含めるために、いきおい説明は記述的、羅列的になりました。そのため、正直言っ

て、本質が見えにくく、わかりにくいものでした。

ところが、遺伝子の本体がＤＮＡという物質であることと、その詳細な構造や機能（二重らせん、クロマチン、染色体、複製など）がわかってみると、多くのことが、具体的にすっきり説明できるようになったのです。

たとえば、なぜ、人間の兄弟や姉妹は、一卵性双生児を除いて、決してそっくり（クローン）にはならないのか、不思議に思ったことはありませんか。もし、父親と母親から遺伝子を半分ずつ受け継ぐのであれば、双子のようにそっくりな兄弟や姉妹がもっと（半分かける半分で四分の一くらい）いてもよいはずです。

実は、精子や卵子ができるときには、全く同じ細胞を生み出す通常の細胞分裂とは異なる「減数分裂」という細胞分裂が使われ、その際に、人間の場合、23ペアある染色体の組み合わせがランダムに入れ替わって、何百万通りもの新しい組み合わせになり、さらには父と母の染色体の間で遺伝子を交換する交叉という現象が起きて、膨大な多様性を生み出しているのです。だから普通の兄弟や姉妹がクローンになることはないのです。

兄弟や姉妹ですらこのように異なるのですから、この地球上では、一卵性双生児を除いては、みなさんと同じ遺伝子を持つ人間はいないといってよいのです。

また、一卵性双生児は、全く同じ遺伝子を持っているのですが、年齢を重ねるごとに、その特徴は異なってくることが知られていました。長らくこの現象は説明できませんでしたが、遺伝情報は、ＤＮＡの配列で書かれた暗号だけではなく、ＤＮＡの修飾やＤＮＡにつくタンパク質の修飾によっても伝えられること、後者は、たとえ一卵性双生児でも、環境や経験などにより少しずつ変化していくことがわかってきています。

ですので、生物学の教科書は、時を経るにつれ、説明がわかりやすくなっています。使っている言葉も、具体的かつ平易になってきています。私が学生のときに読んだ分子生物学の教科書よりも、今の学生に講義している教科書の方が、内容はずいぶん増えていますが、説明は具体的でわかりやすいのです。

学生が最新論文の発表や研究発表などをするときに、彼らに注意することがあります。私の教えているのは医工学という分野で、医学と工学にまたがる融合領域です。したがって、学生も、医学系や生物系の者もいれば、工学系や理学系の者もいます。また、工学の分野は広いので、同じ工学系でも物理・機械・電気系と化学・材料・生命系は大きく内容が異なります。

学生が異なる背景を持つ他の学生に説明する際に重要なのは、基本的な概念をやさしいことばで平易に説明することです。そして逆に、このように説明できないときは、基本的な概念を本当に理解していないのです。原理や本質をよくつかんでいる学生ほど、複雑な概念でも、特殊な専門用語を使うことなく、普通のことばを用いてやさしく説明することができます。融合分野に限らず、学問の専門性が深くなればなるほど、気を付けなければいけないポイントだと思います。

同様に、私たちが道徳の原理に迫れば迫るほど、簡単なことばで、わかりやすく説明できるはずですし、それでいいのだと思うのです。逆に、抽象的でわかりにくいことばを使いつつ、しかもわかりにくい説明しかできなかったら、それは本質をつかんでいないからだと思うのです。

道徳が抱える問題点

既成の道徳は、人々が助け合い、手分けして、とても便利で豊かな社会をつくることに貢献してきました。でも、その一方で、国際化が進む世界において、異なる社会がぶつかり合うような状態に対して、解決策を見いだせませんでした。

親として、子どもたちのために、どのようにして、未来に向けた新たな道徳の体系を築いたらいいのでしょうか。

そこで、これまでに明らかにした道徳の本音「仲間らしくしなさい」という掟を分析して、問題点を探り、解決の糸口を探ってみたいと思います。

「仲間らしくしなさい」という掟は、第三章でも議論しましたように、さらに二つの決まりに分かれます。それは、「仲間に危害を加えない」と「仲間と同じように考え、行動する」でした。

第一の決まり「仲間に危害を加えない」は、これまで、地域や時代を問わず、よく守られてきた決まりであり、仲間の範囲にさえ目をつむれば、人間共通の決まりであると言えると思います。したがって、親としては自信を持って、子どもたちにしっかりと、変わらぬ決まりとして教え込むべきであると思います。

子どもたちの教科書にも書いてありますように、私たち人間は、仲間とコミュニケーションをとりながら、協力、分業して社会を作り上げることで、一人では到底手に入れることのできない便利で豊かな暮らしを送っています。

たとえば、普段、当たり前に考えている、水道や電気や食べ物は、社会がなければ、こんなに簡単に手に入りません。学校や病院もないでしょうし、いざというときに犯罪者から守ってくれる警察や、災害時に助けてくれる消防もありません。

きちんとした社会がなければ、ほとんどの人の一生は、水や食べ物探しだけで終わるでしょう。十分な教育も受けられず、若いときに病気や争いや事故で命を落とすでしょう。社会の仕組みがうまく働いていない、内戦中の国や貧困にあえぐ国では、残念ながらそれが現実になってしまっています。

また、私たちの知的な活動のツールであり、文化の担い手であることばは、社会の中で作られ、使われるコミュニケーションの方法です。

ですから、人間にとって、社会をつくるために仲間は絶対に必要であり、仲間に危害を加えないのは当然なのです。

問題は、「仲間の範囲」です。人間の場合、仲間の範囲は、家族や仲のよい友達のような実際の顔見知りと、宗教や国家や民族などにおいてバーチャルな出会いを通してつくった、見ず知らずの赤の他人の、二つで構成されています。

もし、バーチャルな出会いを通して作った仲間の範囲が人間全体であれば、私たちの道徳は理想的なものになります。異なる社会のぶつかり合いも、なくなるはずです。

でも、現実には、仲間の範囲は広くて、ある宗教の信者か、ある国家の国民か、ある民族の構成員かです。

あるいは、もっと狭くて、ある地方の住民か、ある階層の出身者か、ある大学の卒業生かです。さらにもっと狭くて、血縁者だけの場合もあります。

この限られた範囲をどうにかして広げる方法を見つけなければ、異なる社会がぶつかり合う状態に解決を見いだすことはできません。

仲間は「両刃の剣」

仲間の範囲に関しては、もう一つやっかいなことがあります。仲間の範囲に漏れた人間に対しては、「仲間に危害を加えない」という決まりが適用されないだけでなく、ときとして、恐怖や憎しみが積極的に向けられることです。

たとえば差別は、加害者の方は、皮膚の色、文化、出身地など特定の範囲に入る人たち全てに対して、たとえ一度も会ったことがなくても（加害者と被害者が、お互いに顔見知りである場合もありますが）、恐れ、憎み、攻撃します。

戦争の場合は、敵の範囲に入っただけで、人間としての他の属性（性別や年齢なども）は無視されて、恐怖と憎しみの対象になります。

これは、実は、自分と同じ何教徒、何国人、何人種であるとか聞いて、見ず知らずの赤の他人に親しみを抱くのと、方向性が違うだけで、仕組みは同じです。

宗教や国家や民族という、巨大な社会をつくる際に、多数の人間を束ねるのに活躍するバーチャルな出会いは、同時に、仲間でない人々に対する恐怖や憎しみも生み出してしまうのです。

仲間に対する親しみと、仲間でないものに対する恐怖と憎しみは、同じものの二つの顔なのです。まさに「両刃の剣」ですね。

なぜこのような恐怖や憎しみが生まれるのでしょうか。仲間になれなくても、せめて、恐怖や憎しみだけでもなくなれば、さまざまな悲惨な事態は避けることができるはずです。

このような恐怖や憎しみが生まれる原因は、第二の決まり「仲間と同じように考え、行動する」にあります。

異質なものに対する憎しみ

第二の決まりは、仲間の中での考え方や行動の仕方をある基準に合わせて、統一することで、バーチャルな出会いを強化し、仲間であるという気持ちを高めます。

ところが、仲間が全人類ではない以上、「仲間と同じように考え、行動する」基準は、仲間の範囲が変わればそれにつれて変化します。そのため、基準の具体的な内容（儀式、生活の仕方、食事の習慣など）はさまざまで、一見混沌としています。

今日では、テレビやインターネットなどの通信技術や、飛行機や船や車などの輸送技術の発達によって、異なる社会に対する知識はどんどん増えています。私たちは、自宅にいながら、遠く離れた異なる社会の様子を間接的に知ることができます。それだけでなく、実際に旅行して異なる社会の文化を直接経験することもできます。

その結果、世界にはさまざまに異なる社会があり、道徳の体系も一見さまざまであることを知る結果となりました。テレビ番組は、「この社会には、こんな不思議な決まりがある」とか「珍しい、びっくりするような習慣がたくさんある」というような、違いを強調する企画であふれていますよね。ここで、観察を終えてしまうと、「道徳は、異なる社会によってさまざまで、何の共通点もない」という結論になってしまいます。

「仲間と同じように考え、行動する」基準の中には、具体的な経験をもとにした英知も含まれていますが、多くの場合は、習慣と伝統に基づく基準であって、そうでなければいけない理由を論理的に説明することはできません。

たとえば、モーセの十戒の、どうしてある一つの神様しか信じてはいけないのか、どうしてこの特定の儀式をするのか、どうしてこの食べ物はけがれているのか、という問いに、習慣と伝統以上の理由で答えることはできないと思います。たとえば、「神様がそう決めたから」「教典に書いてあるから」というような解答です。これは異なる社会で育った人々には理解しづらい、説得力の弱い説明ですね。

でも、具体的な考え方、行動の仕方の内容のディテールは実は重要ではなく、仲間どうしが、統一したある考え方、行動の仕方を持つように命じているという点が大事なのです。目をつぶって、えいやと統一したやり方に従うことで、安定した、まとまりのある社会がつくれるのだと思います。

第二の決まりは、流行と似た点を持っています。流行において、具体的なディテールは、実はあまり問題ではありません。たとえば、10年前に流行った服装、髪形、流行語などを思い出してください。そのほとんどが今は廃れていて、思い返して見ればどうしてあれだけ夢中になったのか理解できないはずです。ただ、周囲が皆そうするからよいと思っただけなのであって、その本質は「仲間と同じように考え、行動する」ことなのです。

ところが、多くの人たちは、「仲間と同じように考え、行動する」という仲間とともに変化する決まりを、絶対に変わることのない決まりと勘違いして、仲間の範囲が違っていても、自分の仲間の「仲間と同じように考え、行動する」という決まりを無理矢理に適用しようとします。

その結果、「自分が、このように考え、行動するのが当然と感じられるから、人間であれば誰でも当然すべきだ。自分のやり方こそが、優れたやり方だ」と思い込み、自分の社会とは異なる考え方や行動の仕方に出会ったときに、異常と感じ、軽蔑や怒りや憎しみなどの否定的な気持ちを持つようになるのです。

これでは、異なる社会に暮らす人々と会ったときに、絶対にうまく行かないですね。

このような態度は、式で表すと「異質イコール悪、同質イコール善」となります。別の難しいことばで表すと、「自民族中心主義」と言えると思います。

身近な自民族中心主義

自民族中心主義は、私たちの中に知らず知らずのうちに入り込んでいる、根が深い問題です。

外国語を少しでも学んだことがある人はわかると思いますが、ある程度の年齢になってから学習した言語には、必ず発音に訛がでるものです。たとえどんなにボキャブラリーが豊富であろうと、難しい言い回しを知っていようと、早く喋ることができようと、訛はなかなかとれるものではありません。

移民した年齢によって、後から学んだ言語の訛の程度に違いがでることは、キッシンジャー元米国国務長官とその弟の例が有名です。兄弟なのに、元長官の方はひどい訛があり、弟はネイティブと聞き分けがつきませんでした。

実は、この訛も自民族中心主義の一種なのです。訛とは、自分が生まれ育った社会における言語の音の体系を、外国語の中に無理矢理持ち込んでいるから起こることです。

言語が異なれば、母音でも子音でも同じ音は皆無であるといってよいでしょう。同じ英語の中でさえ、英国の英語と米国の英語の音の体系は異なっています。だから外国語の音の体系は、赤ちゃんのように一から学んでいくしかないのです。

でも私たちは、外国語を学ぶとき、どうしても自分の持っている音の体系を基準として、その体系に沿って処理しようとしてしまいます。密かに、自分の体系が「正常だ」「いい」と思っているのですね。

日本語において、英語をカタカナで表記するのは、その典型的な例です。英語の音は決してカタカナの音には一致しないのです。ある体系の音を別の体系の中の近い音に置換しただけであり、両者は違う音です。だから、カタカナで表記された英語の単語を喋っても、まずネイティブには通じないのです。

同じアルファベットを使っていても、音の体系が異なれば同様のことが起こります。英語の中のフランス語の単語は、表記上はフランス語であるが発音は英語化されていて、フランス人にはそのままではまず通じません。このような音の体系の変換は、たとえ頭でしないようにと思っていても無意識に行ってしまうことで、すでにある音の体系ができ上がってしまっていると、なかなか変えられるものではないようです。

考えてみれば、私たちは子どもの頃から長い時間かかって、試行錯誤で母国語の音の体系を習得してきました。その体系は練習を通じて慣れ親しんだスポーツのように、体に強固に染み込んでいます。外国語を学ぶときに、このバイアスを克服するには、いったん母国語の体系は捨てて、注意深くネイティブの発音を聴き、それを模倣して、長い時間をかけて近づけていくしかないと思います。違いは、違いとして、そのまま飲み込むしかないのです。

外国語の学習ぶりを観察していると、その人の自民族中心主義の程度がよくわかります。いつまでも母国語の体系を引きずっている人ほど、残念ながら自民族中心主義の程度は強い傾向があると思います。

お辞儀が挨拶である国から、握手が挨拶である国に行って、なかなかお辞儀をする癖が抜けないのも、それを見ておかしなことだと笑うのも、どちらも自民族中心主義の現われです。

異国に行っていつまでも「やはり自国の食事は最高においしい」と思うのも、「そこの国の食事はみなまずい」と思うのも、自民族中心主義の一種です。

麺類を食べるときに音をたてるのを下品だと思うのも、音をたててこそ麺類はおいしく食べることができると思うのも、どちらも自民族中心主義の現われです。

これらは純粋に慣れの問題であって、本当の優劣があるわけではないのです。麺を音を立てて食べようが食べまいが、よくよく考えれば、別にどっちでもいいですね。

でも、私たちは、慣れている方を、つい「当たり前」「正常だ」「いい」と思ってしまうのです。そして慣れていない方を、つい「おかしい」「変だ」「悪い」と思ってしまうのです。繰り返しますが、私たちの心の式で書くと「異質イコール悪、同質イコール善」です。

このように自民族中心主義は、声高にナショナリズムや排外主義を叫ぶ人々にだけあるものではなく、私たちの中にも潜んでいることを忘れてはいけないと思います。これを、私たちの心から退治することができなければ、異なる社会がぶつかり合う状態を解決することはできないのです。

いじめは小さな自民族中心主義

第二の決まりが生み出す、仲間でないものに対する恐怖や憎しみは、子どもたちの間にも見られます。その典型が、いじめであると思います。

いじめの対象にされるのは、仲間外れにされた子です。子どもたちに聞き取りをして、仲間外れの理由が、もし、第一の決まり「仲間に危害を加えない」を破ったことであるならば、これは、社会において必ず守るべき決まりなので、破った子が悪いということになります。親も教師も、きちんと叱り、この決まりを守らせ、また仲間になれるように指導するべきです。

でも、もし、仲間外れの理由が第二の決まり「仲間と同じように考え、行動する」が守れないためだけであるならば、注意が必要です。この決まりは、仲間の範囲とともに変化するものだからです。

「見た目が少し違うから」とか、「少しやり方が違うから」とか、ちょっと異質に見える子どもは、基準を下回る場合も超える場合も、「異質イコール悪」と捉えられて、いじめの対象になってしまいます。

いじめをなくす方法

「仲間に危害を加えない」という第一の決まりにおいて、仲間の範囲が狭いという点、「仲間と同じように考え、行動する」という第二の決まりにおいて、自分と異質なものに恐怖や憎しみを抱いてしまう点が、既成の道徳の二大問題であることがわかりました。

これを克服するには、第二の決まりから攻めるのがいいと、理系のお父さんは考えます。

まず、子どもたちの視野を広げて、さまざまな社会に目を向けさせます。すると、文化の違いによって、第二の決まりのディテールは異なっていても、第一の決まりさえきちんと守っていれば、それぞれの社会は、きちんと成り立っていることが、自然と実感されます。

すると、第二の決まりのディテールについては、「絶対これでなければいけない」とか、「こちらの方が、あちらより優れている」というようなことは言えないことが、自然とわかってきます。「異質イコール悪」ではないことが、理解できるようになってくるはずです。

同時に、地理や気候などが異なる場所で展開するさまざまな社会が、それに応じてさまざまな文化を持つのは当然で、統一することなど不可能であることも、自然にわかってくると思います。

それぞれの社会が育んできた、さまざまな文化を捨てる必要はさらさらなくて、各自が好きなように選べばいいと思います。強制さえしなければいいのです。

小さいときから、このあたりのことを、世界の中での異なる社会についてのさまざまな学習や体験を通して、感じ取ることが大切であると思います。

第一の決まりはしっかりと守り、第二の決まりに対しては寛容になることで、自分と異質なものに対する恐怖や憎しみは、減っていくでしょう。すると、自然に、憎しみと拮抗していた親しみが増して、仲間の範囲が拡大していくはずです。

楽観的すぎると思う親御さんもいるかもしれませんが、いじめに対しては、このような方針で地道に教育していくことがベストであると考えています。

なぜ疎外感がはびこるのか

道徳そのものではありませんが、人間の道徳を支えている、バーチャルな出会いも、問題を起こしています。

最近は、社会の中の個人という感覚が薄れ、個人が社会に対して抱く疎外感が増大しつつあるようです。これはデカルト以降の観念論の流れの考え方の特徴的な傾向だと思います。

理系のお父さんは、疎外感の原因は、人間に特有の宗教・国家・民族といった巨大な社会の形成を支える「バーチャルな出会い」が肥大化したためだと推理しています。

ことばに基づくバーチャルな出会いは、多くの場合、直接の出会いの代わりの役割をすることに成功しているのですが、それでもバーチャルな出会いであることには変わりはありません。人間に特有の巨大な社会が、通信手段や輸送手段の発達とともにその規模を拡大するにつれて、バーチャルな出会いの占める割合は、私たちの生活の中で増えて行く一方です。

これがある限界を超えると、社会の中で自分が直接関わっている部分の相対的な比率が小さくなり、社会に参加しているんだ、という実感が薄れ、社会が実体のない空々しいものに感じられてくるのではないでしょうか。

たとえば、国の政策を決定している国会議員を、直接知っている人がどれだけいるでしょうか。テレビやラジオでちょっと顔を見たか声を聞いたかくらいの、見ず知らずの赤の他人が国を動かしているのです。県知事や市長でさえ、普通は、直接の顔見知りではないでしょう。

まるで自分とは何の関係もない所で、すべてが決まり運営されているような気がしても、それは無理のないことだと思います。この感覚が、観念論に代表される、個人と社会を切り離す考え方につながっているのだと思います。

疎外感の矛盾

このような疎外感は、バーチャルな出会いを基礎にした今日の巨大社会に住む限り避けられない問題です。でも、だからといって、観念論に走るのは、方向が間違っていると思います。なぜならば、人間と社会は、その本質で、切っても切れない関係にあるからです。人間と社会の最も重要なつながりはことばにあります。「ことばを使うということ自体が社会活動だ」という点を、決して忘れてはいけないのです。

ことばの本質は、社会の中での取り決めであり、いつも社会を前提としています。そのようなことばを用いつつ、社会を否定し「道徳は個人個人が決めるもの」というような考え方に行くのは、大きな自己矛盾だと思います。

本当に社会と個人を切り離す、というのであれば、社会での取り決めに基づくことばをそのまま信用して、ことばを用いて考えたり、ましてやことばを用いて他人とコミュニケーションをとるのは、筋が通りません。

疎外感が生まれるのは、実はもっと直に関わりたいと思う気持ちが根底にあるからなのだと思います。人間はどんな変わり者でも、基本的にはコミュニケーションによって仲間を見つけ、協力しあい、徒党を組んで社会を形成しようとします。

伝統的な社会に反対する者ですら、徒党を組んで別の社会をつくろうとします。この世をはかなむお坊さんも、普通は教団に属します。社会性がない典型とされる、いわゆるおたくの人々も同好会をつくります。非行少年も普通一人では暴れません。

無政府主義者でさえ、徒党を組んで組織をつくります。反社会的といわれる犯罪組織も、社会一般を否定しているのではなく、彼ら自身の擬似社会をつくっています。

疎外感の王様のようなキルケゴールが、人間がいかに孤独で、社会から隔絶されているかを訴えるとき、社会性の塊であることばを使って主張をしていることに反省がいかないのは、ちょっと不思議な感じがします。

ことばは、人間にとって、あまりに当たり前になってしまっているために、その重要な役割や社会とのつながりが見落とされやすいようです。

私たち人間は、社会を必要とし、常に社会の中での居場所を見つけようとしています。サイコパスとよばれる、反社会的な性格を持ち、良心や共感が全くない人たちがいますが、そのサイコパスでさえ、犠牲者を操作して自分の利益にするためにとはいえ、ことばと社会を利用しています。そのような意味で、社会性のない人間はいないと言ってよいでしょう。

社会は人間にとって選択ではなく、前提なのですね。このことは決して忘れないようにしたいと思います。

疎外感に打ち勝つ

では、疎外感に打ち勝つにはどうしたらよいのでしょうか。

第一に、人間に特有の巨大な社会が、私たちにもたらしてくれている便利さや豊かさについて、具体的に考えてみることでしょう。私たちはともすると、あまりに当たり前なために、同じ社会に属する、見ず知らずの赤の他人がもたらしてくれている恩恵の実体を忘れがちです。先にも述べたように、水道、電気、食べ物、病院、学校、警察、消防、郵便などは代表例です。これらの恩恵なしに、私たちはまともに生きていけるでしょうか。

第二に、社会の中には、私たちが直接関わっている部分と、間接的にバーチャルな出会いでつながっている部分の二つがあることを、きちんと分けて考えることです。いくらバーチャルな出会いが増えたところで、直接関わっている部分がなくなるわけではありません。これをよく理解していないと、肥大したバーチャルな出会いの部分ばかりを見て、社会全体を否定するという結果になってしまいます。私たちの生活の核は、現在でもやはり、直接の出会いがつくる家族や親しい友人であり、バーチャルな出会いはそれを補助しているのです。

疎外感をなくすためには、バーチャルな出会いに大きく頼る人間特有の宗教・国家・民族といった巨大な社会を解体して、直接の出会いの範囲で運営できる規模に社会の構造を小さくするべきだという意見もあると思います。第二章で紹介した、老子の「小国寡民」の思想はまさにその提案だと思います。

でも、この提案は実現することはできないでしょう。バーチャルな出会いを通じた大規模な協力と分業は、社会に対する疎外感をもたらす一方で、他の生物には想像もできないような便利さや豊かさを私たちにもたらしました。通信技術や輸送技術の進歩は、地球規模での直接の出会いとバーチャルな出会いを拡大し、仲間である気持ちを増大させています。このような流れは、止めることはできないと思います。

ですから、第三に、人間に特有の巨大な社会を、大切な方便として認め、でも同時にそれがバーチャルな出会いに基づく「仲間であるという気持ち」に依存していることを忘れず、暴走しないよう注意深く監視していくことが重要です。

そのためには、バーチャルな出会いをつくり、維持している人々の意図を知ることが重要です。彼らは、自分だけの利益や権力を拡大するために、都合のいいようにバーチャルな出会いを操作して、ある特定の人々を仲間でないものへの恐怖や憎しみの犠牲にしていないでしょうか。

またバーチャルな出会いだけを信じることなく、たとえ小規模で不完全でも、直接の出会いによってバーチャルな出会いの内容をときどき検証する必要があると思います。たとえば、本当に「何々教徒はみなテロリスト、あるいは優秀」でしょうか。「何々民族はみな独創性がない、あるいは頭がいい」でしょうか。「何々人はみな悪意を抱いている、あるいはいい人ばかり」でしょうか。という風に、自分の仲間の集団も含めて注意深く観察するべきでしょう。このとき、たとえ自分に都合のよい内容であっても、それを検証する勇気を持つべきだと思います。

疎外感に対しては、このような方針で対処して行くことがよいのではと考えています。

双子はまだ、疎外感をおぼえるほど、バーチャルな出会いを経験していないようなので、もう少し大きくなったら、このあたりのことは徐々に話し合っていきたいと思います。

死刑は悪か

死刑を存続すべきか、廃止すべきかに関しては激しい論争が続いています。これをどのように考えたらいいでしょうか。

死刑に賛成する人たちは、

「殺人のような重い罪を犯した者は、自分の命を以て償うのが当然だ」

「被害者は戻ってこないのだから、どんな刑罰を受けてもしょうがない」

「殺人などの重い罪に厳罰を科することで、見せしめになる」

などと主張します。

これに対して、死刑に反対する人たちは、

「人の命は世の中で最も大切なものだから、たとえ殺人犯でも奪ってはいけない。殺人犯を死刑にするのは、殺人を繰り返すだけだ」

「死刑は残虐な刑罰だ」

などといって、死刑が道徳に反すると主張します。また、

「死刑が殺人などの重い犯罪を抑止するという根拠はない」

「誤審があったら取り返しがつかない」

と言って、その効率や信頼性も疑問視します。

道徳の本音である「仲間らしくしなさい」という掟に立ちかえると、その二つの要素の中の「仲間に危害を加えない」という第一の決まりは、仲間の範囲が変わっても変化することがない、社会を構成するために必須の掟ですので、絶対に守るべきです。したがって、仲間に対する危害の最たる殺人を犯した者は、仲間の範疇から外されて、最も厳しい罰が下されて当然である、ということになります。

ここで注意したいのは、殺人の「人」の意味です。第三章で示したように、普段私たちは気づかずに使っていますが、「人」は実は「仲間の人」を指すのが普通です。そのことを吟味せず、「人」ということばを単純に「生物学的人間一般」と置き換えてはいけないでしょう。

重い罪を犯した者は、「仲間」の範疇からは外されます。ですから、殺人犯の命を奪う

のと、罪のない被害者の命を奪うのでは、社会的な重みが違うと我々は自然に感じています。死刑に反対する人たちの最初の二つの論点は、「人」を「生物学的人間一般」と捉えている可能性が高く、もしそうであるならば道徳に対する誤解があります。

特に第一の主張「人の命は世の中で最も大切なものだから、たとえ殺人犯でも奪ってはいけない。殺人犯を死刑にするのは、殺人を繰り返すだけだ」は、「汝殺すなかれ」や「不殺生」を字面の通りに解釈したものと思われます。

しかし、これらの本当の意味は、歴史的に見ても、現状を見ても、「汝（仲間を）殺すなかれ」「（仲間の）不殺生」ですので大きな誤解です。

また、「死刑に殺人などの重い犯罪に対する抑止力があるのかないのか」という点に関しては賛成する人たちと反対する人たちが全く違う主張をしていて議論の多いところですが、反対する人たちの意見の大筋は、「人の命は何ものにも代えがたい重要なものだから、効果が十分ないのであれば、刑罰の中でもとりわけ人の命を奪う刑罰である死刑は絶対にやめるべきだ」というものです。繰り返しになりますが、この際の「人」を「生物学的人間一般」に考えているのであれば、それは道徳に対する大きな誤解ということになります。

ここまで、死刑に反対する人たちに不利になることばかり指摘しましたが、彼らの第四の主張、「誤審があったら取り返しがつかない」は、傾聴に値します。なぜなら、誤審は、本当に罪を犯した者（非仲間）ではなくて、罪のない者（仲間）に冤罪をきせ、その命を奪ってしまうからです。死刑が最も重い刑罰であることから考えても、間違いは可能な限り少なくすることが求められるでしょう。したがって、他の刑罰よりも厳格な基準と手続きが必要であるということになるでしょう。

死刑に賛成する人たちの意見はどうでしょうか。道徳の本音である「仲間らしくしなさい」という掟に立ちかえると、その二つの要素の中の「仲間に危害を加えない」という、社会を構成するために必須の第一の決まりについては、きちんと従っているように見えます。

しかし、「仲間と同じように考え、行動する」という第二の決まりに関しては、注意が必要です。第二の決まりは、仲間の範囲が変わると内容も変化する決まりです。守ってもらった方が集団としてのまとまりはよくなりますが、社会を構成するのに必須の決まりではありません。ですから、この決まりを破ったからと言って、仲間の範疇から外して、厳しい罰を与えてはならないでしょう。

社会としてのまとまりを重視しすぎるあまり、第二の決まりを絶対的な掟と勘違いして、特定の宗教・国家・民族の思考や行動の標準を強制するようになると、多様性を受け入れることのできない、いじめや差別の横行する閉塞した社会ができてしまいます。

このように道徳の本音「仲間らしくしなさい」が持っている二面性を理解し、分解して、各々について議論していくことで、死刑についての論点が明確になり、死刑に賛成する人たち、反対する人たち双方の問題点が浮き彫りになります。これまでの議論からわかったように、死刑そのものが道徳的に悪であると断定することはできないと思います。それを理解した上で、後は、社会がどのような選択をし、また、厳密な運用をしていくかを考えていくということになると思います。

国際紛争への対処法

日本、韓国、中国が、島の帰属をめぐって激しい論争を続けています。このような国際紛争についてはどのように考えたらいいでしょうか。

まず注意したいことは、国際紛争の当事者同士は普通、異なる宗教・国家・民族に属していますので、お互いを仲間とは認めていないことです。したがって、通常の道徳は適用されませんので、エスカレートすると最終的には殺し合いである戦争にまで発展します。

もちろん、現代では国際法があり、国連や国際司法裁判所のような機関もありますが、残念ながら機能は限定的で、一つの国における法律や警察のようにはうまく働いていません。それは、繰り返しになりますが、「同じ社会を構成する仲間である」という意識に乏しいからです。このような状態では、「国益」や「主権」の名の下に、相手をだましたり攻撃したりすることも含めて何をしても許されることになります。

もう一つ注意したいことは、バーチャルな仲間意識に基づく仲間の範囲は変化に富むということです。宗教・国家・民族を維持する立場にある人たちは、これらの集団の範囲が、あたかも絶対的で、かつ不変のように主張しますが、そんなことはなくて、相対的で、かつ変化します。バーチャルな仲間意識がいかに人為的で可変性に富むかは、前述したように、混血児の例を考えるとよくわかります。彼らは、「敵の血を持っている」と言われたり、「味方の血を持っている」と言われたり、あるいは「味方の血を少ししか持っていない」

と言われたりして、敵の範疇に入れられたり、仲間の範疇に入れられたりします。バーチャルなものですので、考え方一つで変化するのです。

したがって、お互いが国際社会を構成する一員であり、仲間であるという意識を醸成することが大切です。その際、人類共通の課題である、環境問題、エネルギー問題、医療問題などを軸として、仲間意識を強化するのがよいと思います。

この際、元々持っている宗教・国家・民族などの別階層の仲間意識を全て捨てる必要はありません。それらはある程度保持したまま、道徳の本音である「仲間らしくしなさい」の第一の決まり「仲間に危害を加えない」さえ守れれば、仲間になることができます。ただし、第二の決まり「仲間と同じように考え、行動する」については、寛容になり、決して強要してはならないのです。

また、さまざまなレベルで交流を行い、普段からお互いによく知りあっておくことが大切です。仲間意識の形成には、慣れと親しみが重要な役割をしているからです。

したがって、紛争が起きた際に、コミュニケーションを断ち切ってしまうのは危険です。コミュニケーションが閉ざされれば、慣れと親しみをおぼえる機会がなくなり、仲間意識が急速に衰え、異質なものに対する敵意が増大する機会が増えるからです。特に、普通の人々が直接知り合いと付き合う民間レベルでの交流は、政治的な対立があったとしても、決して制限してはならないと思います。異質なものを憎む自民族中心主義を抑制することができるからです。

このような努力を続けて、お互いにある程度、国際社会における仲間であると認め合えるようになったら、そこではじめて紛争について話し合う準備ができたと思います。仲間と認め合うことができれば、一定のルールに従って、「道徳的に」問題を処理できる可能性があります。迂遠なようですが、国際紛争に関しては、このように広い視野で、長期的に考えていくのがよいのではと思います。

未来にむけて私たちはどう生きるべきか

これまでの長い議論を踏まえて、私は、双子の息子には、こう教えようと思います。

「人間は仲間と社会をつくらなければ生きていけないよ。人々が、助け合い、手分けして仕事をすることで、こんなに便利で、豊かな社会が実現しているんだよ。たとえば、普段使っている、水道や病院や学校のことを考えてごらん。一人ではとてもできないよね。普段しゃべっていることばも、社会とは切っても切れない関係にあるんだ。ことばの意味や音は、社会の中の取り決めであり、社会を前提としているんだ。空気のように当たり前で見過ごしがちだけれど、このことは決して忘れてはいけないよ。

人間は、家族や親しい友達などの直接顔を見知っているどうしだけではなくて、ことばがつくるバーチャルな出会いのおかげで、今まで出会ったこともなければ、これから出会うこともない、赤の他人とも仲間になり、宗教や国家や民族などの巨大な社会をつくることができるんだ。これは他の動物にはできないことだよ。

このような社会を成り立たせている最も重要な決まりである道徳は、『仲間らしくしなさい』と君たちに教えているよ。

この掟は、二つの決まりからできていて、第一の決まり、『仲間に危害を加えない』は、必ず守らねばならない決まりだよ。守らないと社会が成り立たないものね。だから、この決まりを破った場合は、厳しく罰されても仕方ないのであって、死刑そのものが悪であるということはできないよ。社会がどう考えて選択するか、だと思う。ただし、もし死刑を行う場合には、罪のない人を間違って罰してしまうと大変なことになるので、とりわけ厳しい基準でやっていかなければいけないよ。

第二の決まり、『仲間と同じに考え、行動する』には、異なる社会によってさまざまなバリエーションがあるので、柔軟に対応し、決して、自分の社会の考え方や行動の仕方を押しつけてはいけないよ。いじめや差別が起きるのは、これがうまくできていない場合だよ。

このように、道徳には、仲間の範囲が変わっても変わらない部分と、仲間の範囲とともに変わる部分との二面性があることをしっかりわかろうね。決して、一面からだけでものを見てはいけないよ。二つの側面に分けて分析することで、現実を正しく理解して考えることができるよ。

最初の時、君たちがエレベーターの中でけんかをして騒いでいてお父さんから怒られたけれど、それはなぜか考えてみようね。

道徳の本音である『仲間らしくしなさい』の第一の決まり『仲間に危害を加えない』を破っているよね。この場合の危害は、周囲の人に不快な思いをさせるとか、迷惑をかける程度であり、殺人の場合の危害よりはずっと小さいよ。

注意しなければいけないのは、このような社会的に重要性の低い善と悪の判断には、第二の決まり『仲間と同じように考え、行動する』が入り込んでくることだよ。どこから、どのくらい不快に思うかについては、異なる宗教・国家・民族により差がありそうだし、個人差も大きいので、ある特定の基準を押しつけて、あまり厳しく取り締まるのはいけないよ。

でも、さすがにうるささには限度というものがあり、周囲の人に不快な思いをさせたり、迷惑をかける可能性があるから、あいまいでも一応線を引いておくんだよ」

そして、続けて言おうと思います。

「第一の決まりさえ守ることができたら、人間は、誰でも仲間になれるんだよ。ことばがつくるバーチャルな出会いのおかげで、世界中の人々が仲間になることだって可能なんだ。

世界には、自分とは異なる文化を持っている人もたくさんいるけれど、それはただ違っているだけで、決して、劣っているとか、おかしいとか、悪いわけではないんだよ。それで彼らは彼らなりに仲間どうしうまくやっているんだからね。

だから、『仲間に危害を加えない』決まりをお互いに守って、どんどん仲間になり、交流しなさい。機会があったら、どんどんと世界に出て行って、実際に自分の肌で、異なる社会のことを感じ取りなさい。ただし、この決まりを守れない者に対しては、毅然たる態度で臨みなさい。

宗教・国家・民族どうしの争いは、仲間意識が薄いためにエスカレートしやすいけれど、お互いが国際社会を構成する一員であり、仲間であるという意識を醸成することが大切だと思うよ。少しでもそのような意識が生まれれば、道徳的な気持ちも生まれ、一定の国際ルールに従って、さまざまな紛争を解決できると思うよ」

最後にこう言おうと思います。

「どんなに、バーチャルな出会いが増えて、社会が大きくなっても、世界で一番大事な仲間は、君たちが直接出会って、顔を見知っている家族や親友や先生なんだよ。どんなに地味で、規模が小さくても、それが君たちの人生の核なんだ。このことも絶対に忘れてはいけないよ。

バーチャルな出会いでつくる仲間は、空間や時間を超えることができるし、とても大きくて、派手で、力を持っているけれど、決して鵜呑みにしたり、溺れてはいけないよ。いつも、自分が直接知っている現実と照らし合わせ、違っている場合は、バーチャルな方を修正しなさい。

こうして努力して生きていけば、きっと君たちは立派な人間になれると思うよ。お父さんも応援するから頑張ってね。

お父さんの意見について、君たちはどう思う？」

彼らはどう反応するでしょうか。

おわりに

私は、1995年から2002年にかけて米国で生活しましたが、その際、1998年の中絶クリニックに対するテロ、スーダンやイラクにおける市街地への誤爆、2001年9月11日の同時多発テロなど、人間による理解し難い非倫理的な行いを数多く目の当たりにしました。

しかも、このような行いを事実上扇動したり、支持あるいは黙認したりする人々が少なからずいるのには驚きました。つまり、いかに限定的にせよ、社会が容認しているということになります。

このことがきっかけで、非倫理的な行いとそれを容認する社会という図式について世界史を振り返って見たところ、上に挙げたのは例外などではなく、むしろ普通に起こっていることがわかりました。まるで、人間の道徳には何の共通ルールもないかのようです。

そこから次のような疑問が湧きました。

「しょせん、善悪の区別などというものは誰かが勝手に決めたもので、地域や文化や時代が異なれば、それとともに別の体系に変わってしまうものなのだろうか？　結局、道徳には何の法則性もなく、道徳哲学や倫理学という学問自体、雑多で異なる道徳の体系の単なる記述に終わってしまうのだろうか？」

このような疑問から、

「善悪の区別に法則があるのだろうか？　もしあるならばその正体は一体何なのだろうか？　子どもたちには、自分の考えを、きちんと自分自身で教えたい」

と考えたのが、この本を書いたきっかけです。


善悪の区別という、社会における基本的な決まりに関して、自分が子どもたちに説明することを想定して書いた本ですが、親御さんたちが読んで、子どもたちにもある程度わかるように説明できるように、なるべく難しいことばや特殊なことばは使わないように努力したつもりです。道徳に関する、子どもたちとの議論が活発になればと思っております。

代表的な思想家たちの選び方と考えの内容は、高校までの教科書に載っている内容をもとにして書いています。もっと他の思想家も選んでもいいんじゃないかとか、記述がもの足りないと思う親御さんもいらっしゃると思いますが、あまり専門的では一般性がないですし、大筋としては、このあたりが妥当かと考えております。

この本に私が書いた内容も、「バーチャルな出会い」の一種です。誇張や粉飾のないように努力したつもりですが、どうか、私の考えを鵜呑みにせずに、親御さん自身で、直接確かめられることは確かめてください。その上で、正しいと思うことだけ取り入れていただき、子どもさんとの議論を構築していただければと存じます。

本書を著すに当たり、多くの方々のご支援をいただきました。
井上盛利先生、木村廣道先生には、自分の夢をあきらめることなく、常に努力することを教えていただきました。中原道喜先生、橋本弘正先生、片岡一則先生には、学問の大事さと、社会に対する興味を常に持ち続ける姿勢の大切さを教えていただきました。中澤直三郎先生には、芸術や人生論を通して、誠実に生きることの重要さを教えていただきました。鎧淳先生、河野徹先生には、倫理学、哲学、言語学に関しまして、さまざまな教えを授けていただきました。

その他、たくさんの方に励まし、指導していただきましたことを、心より感謝いたします。

2013年3月吉日

鄭雄一

参考文献

はじめに・第一章
文部科学省『小学校学習指導要領解説　道徳編』(2008)
文部科学省『中学校学習指導要領解説　道徳編』(2008)

第二章
五味文彦他『新編 新しい社会 公民』」東京書籍（2010）
佐藤幸治他『中学社会 公民的分野』日本文教出版（2010）
山崎廣明他『新版 現代社会』山川出版社（2010）
阪上順夫他『高等学校 改訂版 現代社会』第一学習社（2010）
佐藤正英他『改訂版 高等学校 倫理』数研出版（2010）
濱井修他『現代の倫理 改訂版』山川出版社（2010）
数研出版編集部『倫理資料集 改訂版』数研出版（1997）
清水書院編集部『最新版 倫理資料集』清水書院（2011）
倫理資料集編集部『倫理資料集』山川出版社（1997）
井筒俊彦『イスラム文化』岩波文庫（1991）
貝塚茂樹『諸子百家』岩波新書（1961）
河野健二『世界の名著』中公新書（1963）
金谷治訳注『韓非子』岩波文庫（1994）
金谷治訳注『論語』岩波文庫（1963）
岸本英夫編『世界の宗教』大明堂（1965）
J. ゴンダ（鎧淳訳）『インド思想史』中公文庫（1990）
佐藤俊夫『倫理学』東京大学出版会（1960）
白川静『中国古代の文化』講談社学術文庫（1979）
デカルト（谷川多佳子訳）『方法序説』岩波文庫（1997）
ディオゲネス ラエルティオス(加来 彰俊訳)『ギリシャ哲学者列伝(上)(中)（下)』岩波文庫（1984）
中村元訳『ブッダのことば―スッタニパータ』岩波文庫（1993）
中村廣二郎『イスラム教入門』岩波新書（1998）
星野勉、三嶋輝夫、関根清三編『倫理思想辞典』山川出版（1997）
ユダヤ大事典編纂委員会『ユダヤ大事典』新人物往来社（1997）
鎧淳訳『バガヴァッド・ギーター』中公文庫（1998）
ジョン ロールズ（川本隆史、福間聡、神島祐子訳）『正義論 改訂版』紀伊國屋書店（2010）

ジョン ロールズ（中山竜一訳）『万民の法』岩波書店（2006）
渡瀬信之『マヌ法典』中公新書（1990）
John Keegan, 'A History of Warfare', Vintage Books, New York (1993)
Alasdair Macintyre, 'After Virtue', University of Notre Dame Press, Notre Dame (1984)
Alasdair Macintyre, 'A Short History of Ethics', University of Notre Dame Press, Notre Dame (1998)

第三章

碧海純一『法と社会』中公新書（1967）
祖父江孝男『文化人類学入門』中公新書（1990）
チャールズ・チャップリン（製作・監督・脚本・主演）映画『殺人狂時代（原題 'Monsieur Verdoux')』(1947)
ドストエフスキー（江川卓訳）『罪と罰』岩波文庫（2000）
渡辺洋三『法とは何か』岩波新書（1998）
Daniel G. Bates & Elliot M. Flatkin, 'Cultural Anthropology', Allyn and Bacon, Boston (1999)
Marvin Harris, 'Culture, People, Nature (Longman, New York, 1997)
Edward O. Wilson, 'On Human Nature', Harvard University Press, Cambridge (1978)

第四章

片野修『新動物生態学入門』中公新書（1995）
加藤宏司、後藤薫、藤井聡、山崎良彦監訳『ベアー　コノーズ　パラディーソ　神経科学―脳の探求―』西村書店（2007）
高津春繁『比較言語学入門』岩波文庫（1992）
鈴木孝夫『ことばと文化』岩波新書（1973）
鈴木孝夫『教養としての言語学』岩波新書（1996）
立花隆『サル学の現在』文春文庫（1996）
田中克彦『言語学とは何か』岩波新書（1993）
田中克彦『ことばと国家」』岩波新書（1981）
橋本進吉『古代国語の音韻に就いて』岩波文庫（1980）
Michael Allaby ed., 'The Concise Oxford Dictionary of Zoology',

Oxford University Press, New York (1991)
Nigel Cole, 'A Conversation with Koko', Public Broadcasting Services (1982)
David Crystal, 'The Cambridge Encyclopedia of Language', Cambridge University Press, New York (1997)
Marc D. Hauser, 'The Evolution of Communication', MIT Press, Cambridge (1997)
Gordon Marshal ed., 'A Dictionary of Sociology', Oxford University Press, New York (1994)
George Page, 'Inside the Animal Mind', Doubleday, New York (1999)
Edward O. Wilson, 'Sociobiology', Harvard University Press, Cambridge (1975)

以上

写真提供／アフロ

鄭 雄一（ていゆういち）

東京大学大学院工学系研究科教授（医学系兼担）。医学博士。1964年東京都生まれ。東京大学医学部医学科卒業、東京大学大学院医学系研究科修了。東京大学医学部、米国マサチューセッツ総合病院、ハーバード大学医学部等を経て現職。専門は、発生・進化生物学、再生医学及びバイオマテリアル工学。骨軟骨の発生、進化、再生に関する分子細胞生物学的研究と、バイオマテリアルの材料工学的研究を融合して、組織再生を実現する人工デバイスの開発に取り組んでいる。著書に『骨博士が教える「老いない体」のつくり方』（WAC）などがある。

東大理系教授が考える道徳のメカニズム

二〇一三年四月二〇日　初版第一刷発行

著者◎鄭 雄一

発行者◎菅原 茂
発行所◎KKベストセラーズ
東京都豊島区南大塚二丁目二九番七号　〒170-8457
電話　03-5976-9121(代表)　振替　00180-6-103083

装幀フォーマット◎坂川事務所
印刷所◎錦明印刷株式会社
製本所◎株式会社フォーネット社
DTP◎株式会社三協美術

ISBN978-4-584-12399-7 C0212